알고 싶지
않은 마음

알고 싶지
않은 마음

탈진실 시대 무지의 전략들

레나타 살레츨 지음

정영목 옮김

후마니타스

브랑코에게

차례

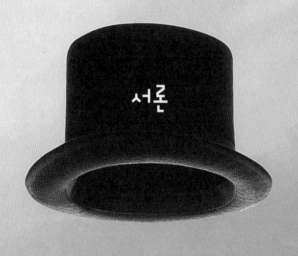

서론

코로나 바이러스 위기가 미국을 강타하기 시작한 2020년 3월 16일, 『파이낸셜 타임스』에 게재된 제임스 퍼거슨의 만평을 보면, 트럼프 대통령은 눈에 마스크를 쓰고 두 손으로 귀를 막은 채 집무실에 앉아 있고, 바닥에는 중국의 시진핑 국가 주석이 오성홍기로 만든 마스크를 쓴 그림이 놓여 있다. 한 지도자는 눈과 귀를 가리고 있고, 다른 지도자의 입은 나라의 상징과 이데올로기로 덮여 있는 것이다. 바이러스가 확산하면서 세계는 미지의 것을 다루는 일과 관련해 지난 100년간 가장 심각한 문제와 마주하게 되었다. 미국 대통령의 행동이 극명하게 보여 주듯이 세계 유행병의 출발점에서 무지·부인·부정은 모두 제 역할을 했다. 처음에 트럼프는 미국에 감염병이 퍼질 위험을 무시했다. 코로나 바이러스가 세계 전역으로 급속히 퍼지던 2020년 1월과 2월, 트럼프는 감염자가 극소수인데다 모두 해외에서 왔기 때문에 미국은 걱정할 필요가 없다고 주장했다. 그는 전개 중인 상황을 부인하면서 국민에게 "모든 것이 통제 상태"이며 "새로운 바이러스는 독감보다 위험하지 않"고 자신에게는 이 감염병을 이해할 "타고난 능력"이 있다고 말했다. 세계 유행병을 계속 무시하는 것이 불가능해지자 트럼프는 방침을 바꿔 이번에는 "보이지 않는 적"에 대한 "전쟁"을 선포했다. 갑자기 전문가들에게 설득당했거나 새로운 정보를 얻었기 때문에 상황의 심각성을 인정한 것이 아니었다. 도리어 그는 자신이 그동안 쭉 이 병이 얼마나 심각한지 잘 알고 있었노라 공언했다. "나는 이것이 세계 유행병이라 일컬어지기 한참 전부터 그렇게 될 것임을 직감했습니다." 그러고 나서 그는 이렇게 덧붙였다. "하지만 우리는 보이지 않는 적을 물리칠 겁니다. 생각보다 더 빨리 그렇게 될 거라 봅니다. 완전히 승리할 거예요. 완전히."[1]

10여 년 전 〈심슨네 가족들〉의 작가들은 이와 비슷한 수준의 맹목적 낙관주의를 유도하는 약을 상상했다. 이 유명한 에피소드 ▌에서 리사는 학교에서 스프링필드의 50년 뒤 모습을 발표하는 과제를 받는다. 무엇에든 성실한 그녀는 기후변화에 대해 열심히 조사해 고향의 암울한 미래를 보여 준다. 그녀의 발표 내용이 너무 섬뜩한 나머지 교사들은 부모를 불러 애를 정신과 의사에게 데려가 보라고 한다. 의사는 진찰 뒤 리사가 환경 문제와 관련한 절망에 빠졌다고 진단하고 이그노리탈 ▌▌이라는 약을 처방해 준

▌ 〈심슨네 가족들〉 20시즌의 열일곱 번째 에피소드, 「좋은 사람, 슬픈 사람, 약에 취한 사람」The Good, the Sad and the Drugly.

다. 이 약 덕분에 리사의 세계관은 바뀐다. 그녀는 절망에서 해방되어 대단히 강력한 낙관주의에 빠져든다. 구름은 미소 짓는 테디베어의 모습으로 나타나고 머릿속에서는 〈왓 어 원더풀 월드〉 What a Wonderful World가 계속 울려 퍼진다. 리사의 부모는 이런 낙관적 망상에 대처하려 애쓰다가 이그노리탈 복용을 중단하기로 결정한다. 마지와 호머는 미친 듯이 명랑한 리사보다는 예전의 비관적인 리사가 다루기는 더 쉬웠다는 것을 깨닫는다.

약이나 다른 형태의 치료가 현실에서 우리가 감당하기 힘들다고 여기는 부분을 무시하는 데 도움을 줄 수 있을지도 모른다는 생각은 픽션에만 한정된 것이 아니다. 과학은 지난 수십 년간 참전 군인을 비롯한 다양한 폭력 피해자들의 트라우마적 기억을 억제하는 방법을 찾으려고 노력했다. 이런 연구들은 트라우마를 초래한 폭력을 잊게 해주는 약이 때로는 강간 피해나 폭행 또는 성적 학대를 겪은 사람들에게 특히 도움이 될 수 있다고 주장한다. 폭력의 기억을 누그러뜨리는 약물 등의 사용을 둘러싼 윤리적 논쟁에서는 종종 기억 가운데 선별된 부분만 지우는 것이 가능하거나 바람직한가, 폭력적 범죄나 학대를 저지른 자들이 발각이나 기소를 피하려고 기억을 제거하는 약을 손에 넣는다면 무슨 일이 벌

■■ 무시한다는 뜻의 ignore가 들어가 있다.

어질 것인가 같은 질문들이 제기된다. 그러나 그런 약물 없이도 사람들은 자신의 행복을 위협하는 앎을 무시하거나 부인하거나 부정할 방법을 찾는다.

시대마다 그 시대 특유의 무지가 나타난다. 사람들이 앎과 관계를 맺는 방식은 매우 맥락적이다. 앎이라고 여겨지는 것은 사회적으로 구축될 뿐만 아니라 매우 개인적이기도 하다. 어떤 식으로든 감당할 수 없는 앎에 다가가게 되면 종종 무지나 부인(나중에 보겠지만, 둘은 같은 것이 아니다)을 선택하기 때문에 문제는 더 복잡해진다.

프랑스 정신분석가 자크 라캉은 불교학에서 발견한 "무지를 향한 열정"▪이라는 용어를 빌려와, 고통의 원인을 이해하고 싶다며 자신을 찾은 환자들이 실제로는 그것을 인정하지 않으려고 얼마나 애를 쓰는지 묘사한다. 라캉은 또 분석가 쪽의 무지를 보면서 분석가는 "답을 아는 자"의 자리를 차지하는 것이 아니라 오히려 알지 못하는 위치를 받아들이고 내담자 스스로가 자신의 증상 밑에 놓인 것을 발견하게 해줘야 한다고 결론지었다.

이 책에서 나는 무지를 향한 열정의 본질을 살펴볼 것이다. 한편으로는 우리가 트라우마를 초래하는 앎을 회피하는 방법을

▪ 무명번뇌無明煩惱를 가리킨다.

살펴볼 것이고, 다른 한편으로는 사회가 기존 질서를 유지하는 권력 구조나 이데올로기 메커니즘을 파괴할 수 있는 정보를 부정하는 방법을 끊임없이 찾아내는 방식을 분석할 것이다. 더불어 지식 기반 탈산업사회에서 이제 사람들이 과학과 새로운 테크놀로지의 도움으로 그 어느 때보다 서로에 대해 또 자신에 대해 많이 배울 수 있는 상황임에도 불구하고 어떻게 무지의 권력이 놀랄 만큼 새로운 힘을 얻게 되었는지 설명해 볼 것이다. 우리가 지식과 관계를 맺는 방식은 절대 중립적이지 않다. 그래서 『미리엄-웹스터 사전』에서 "강렬하고 압도적인 느낌이나 신념"[2]이라고 정의한 "열정"이라는 표현은, 왜 사람들이 진실로 인식되는 것을 받아들이느냐의 문제뿐만 아니라 왜 그것을 무시하고 부인하고 부정하느냐의 문제를 이해하는 데 도움을 줄 수 있다. 호기심은 어떤 사람들에게는 열정이며, 사람들이 기성의 앎에 의문을 제기하는 것을 멈출 때, 즉 이 같은 열정이 부족할 때 무지를 향한 새로운 문이 열리는 것은 지극히 당연한 일이다.[3]

앎의 본질이라는 문제에서 혁명적 변화를 겪고 있는 우리는 무지라는 개념을 재검토해 볼 필요가 있다. 유전학·신경과학·빅데이터의 발전은 개인에 관해 알 수 있는 것에 대한 우리의 이해를 바꿔 놓았다. 새로운 종류의 정보에는 새로운 불안이 따른다. 이런 불안이 생기는 것은 이 정보가 의미하는 바를 이해하는 어려움, 누가 그 정보에 접근할 수 있는가의 문제, 누가 그것을 이용하거나 조작할 수 있는가에 대한 관심 때문이다. 의학 분야에서 새로운 유형의 정보 출현은 그것을 "아느냐 알지 못하느냐"의 문제가 개인들에게 핵심적인 중요성을 띠게 된다는 뜻이다. 무지를 권력의 새로운 메커니즘과 관련해 검토하는 것도 마찬가지로 중요하다. 20세기 후반 프랑스 철학자 미셸 푸코는 권력과 지식의 관계에 관해 상세하게 논했지만, 오늘날에는 권력과 무지의 관계에 관해서도 똑같이 관심을 기울일 필요가 있다.

사람들은 늘 불편한 정보를 무시하고 부인하고 부정하기 위해 눈을 감고 귀를 닫고 입을 다물 방법을 찾아 왔다. 지도자의 언설이 거짓으로 가득해도 그와 자신을 동일시하려 한다. 하지만 이 "탈진실"의 시대에 다른 점이 있다면, 그것은 "인지적 무기력" — 뭐가 진실이고 뭐가 거짓인지에 대한 무관심의 증가 — 의 확산이다. 이런 무관심은 단순히 배우고자 하는 마음의 결여가 아니라 알 수 없다는 무능력과 연결되어 있다. "가짜" 뉴스가 인터넷을 통해 전파되는 방식을 보면 그 출처를 확인하기 어려운 경우가 많고 그것이 무엇을 얻으려고 하는지도 전혀 분명치 않다. 예를 들어 2017년 8월, 트위터에서 #보더프리커피borderfreecoffee라는 해시태그가 달린 캠페인이 벌어졌다. 어느 한날, 미국 전역의 스타벅스 커피숍에서 불법 이민자에게 공짜 프라푸치노를 준다는 것이었는데, 이는 가짜 광고였다. 스타벅스는 이 제안이 날조된 것임을 알리려고 열심히 노력했다. 어떤 사람들은 이것이 친이민자해커들이 꾸민 짓일지도 모른다고 생각했다. 사실은 정반대였다. 이는 이민에 반대하는 사람들이 꾸민 것으로, 불법 이민자들을 커피숍으로 꾀어내 그들이 공짜 음료를 얻으려고 줄을 서서 기다리는 동안 경찰을 불러 체포하도록 하는 것이 멋진 아이디어라고 생각했던 것이다. 일부 가짜 뉴스 캠페인은 그 밑에 정치적·경제적 의제가 깔려 있기도 하지만 대부분은 그저 클릭 수를 늘림으로써 광고 수입을 올리려는 속셈일 뿐이다. 가짜 뉴스가 퍼지면서 모든 뉴스 출처에 대한 불신이 늘어나는 것도 놀랄 일은 아니다. 이런 경우의 무관심과 무지는 어떤 정보를 믿고 어떤 정보를 믿지 말아야 할지 계속 평가해야 하는 개인에게 방패막이 역할을 한다. 하지만 그 결과, 윌리엄 데이비스가 주목했듯이, 미디어에서 이루어지는 현실의 모든 재현과 프레이밍이 모두 똑같이 편견에 물들어 있다는 생각으로 사람들이 등을 돌리게 되면 이는 심각한 정치적 문제가 될 수 있다. 그렇게 되면 사람들은 진실이란 존재하지 않는다거나 아니면 정상적인 정치적 소통의 통로 외부에서, 매개되지 않은 더 순수한 방식으로만 진실에 다가갈 수 있다고 믿게 될 것이기 때문이다.[4]

이 책에서 나는 긴밀하게 관련된 두 주제, 모르는 것(무지

ignorance)과 알은 체하지 않는 것(무시ignoring)에 대해 살펴볼 것이다.[■] 이 두 가지 정신 상태 모두 오늘날 우리 사회, 우리 문화, 우리의 지적 생활과 밀접하게 관련되어 있다. 무지와 무시 양쪽 모두 문제를 일으키지만, 가끔 둘 다 나름의 쓸모와 이점도 있다. 예를 들어 무지가 그 자체로 하나의 덕목으로 대접받을 때 또는 탈근대 "지식 경제"에서 [지식의] 소비를 통해 탈출해야 할 수치스러운 상태로 보일 때 그것은 위험하다. 거꾸로 우리가 누구이고 세상에서 우리의 자리가 어디인지 이해하려 할 때 무지는 자연스러운 완충 장치를 제공한다. 무지는 전문가의 전문 지식이 더 나아갈 수 없는 지점을 표시해 주는 효과가 있다. 더 깊이 들어가자면, 우리가 개인적이든 집단적이든 사람들에게 합리적으로 기대할 수 있는 것에 경계를 설정한다.

의식적으로든 무의식적으로든 뭔가를 무시하는 행위 또한 매우 다양한 형태로 나타난다. 때로는 명백해 보이는 것의 부인이 생존을 좌우하는 전략[5]이 될 수도 있다. 또 어떤 경우에는 부인이 모욕적 관계와 압제적 위계를 떠받치는 집단적 공포를 영속화하기도 한다. 하지만 무지는 또한 그런 권력 구조를 인정하기를 거

[■] 영어에서 ignore는 '무지하다'와 '무시하다'의 뜻을 모두 갖고 있다. 우리는 구분이 가능하므로 구분해서 옮겼다.

부하고, 그럼으로써 그것을 약화시키거나 심지어 무너뜨리는 방법이 될 수도 있다.

진실을 대하는 사람들의 태도에 관한 정신분석학 지식은 탈산업사회에서 무지의 형태들을 분석하는 데 도움을 줄 수 있다. 유전학·법의학·빅데이터의 힘을 고려할 때, 사람들이 이런 새로운 지식을 어떻게 받아들이고 이런 과학들이 진실에 대한 새로운 믿음만이 아니라 새로운 형태의 무지를 어떻게 만들어 내는지 살펴보는 것이 중요하다.

1장은 현대 서구 사회에서 무지에 대한 우리의 인식이 어떻게 변화해 왔는지, 이른바 지식 경제가 왜 실제로는 무지 경제인지 묻는다. 사람들이 위기의 시대에 무지와 부인을 선택하는 방식을 이해하려면 전쟁을 경험한 사람들이 이 두 전략을 채택해 온 방식을 살펴보는 것이 유용하다. 2장은 1992~95년 보스니아헤르체고비나 전쟁 동안 폭력을 피한 난민들의 무지와 부인을 살펴본다. 사랑하는 사람을 잃은 사람들 가운데 다수는 DNA 분석의 힘을 빌려 유해를 찾게 되면 트라우마를 극복하는 데 도움이 될 것이라 생각했다. 또 유전학·신경과학·빅데이터의 발전은 또 DNA의 힘에 대한 믿음을 더 일반화하고 일부에게는 주체성 자체의 비밀에 다가가는 것이 가능하다는 느낌을 주기도 했다. 하지만 신체 내부를 "들여다보려는" 시도나 유전자 검사의 도움으로 미래의 병을 예측하고 예방하려는 시도에서 우리는 무엇을 얻을 수 있을까? 3장은 유전자를 둘러싸고 우리가 만들어 낸 환상, 유전병 검사가 가족으로부터 물려받은 것들을 다시 생각하게 하는 방식, 자신의 유전자 청사진을 이해하려고 할 때 우리가 겪는 새로운 불안·수치·슬픔·죄책감은 무엇인지 살펴본다.

트라우마적 앎이 개인의 행복에 영향을 미치는 경우, 무지는 종종 부인을 동반한다. 4장은 이것이 건강과 관련을 맺으며 작동하는 방식을 더 폭넓게 살펴본다. 이 고지 후 동의informed consent의 시대에 우리는 자신의 병, 이용 가능한 의료 시술의 범위, 그 위험에 관해 거의 완벽한 정보를 얻게 되어 있다. 그러나 실제로는 생명을 위협하는 문제에 직면할 경우 눈을 감는 쪽을 선택하는 경우가 많다.

인간에 관한 새로운 유형의 지식이 등장하면서 로맨틱한 관계를 맺는 것은 점점 어려워지고 있다. 사람들은 다른 사람들에게 매력적으로 보이기 위해 애정의 잠재적 대상에게 무관심한 것처럼 보이라는 조언을 듣기도 한다. 5장은 무지가 상호 주관적 수준에서, 특히 사랑과 증오에서 어떤 작용을 하는지 검토한다.

오늘날의 고도로 개인화된 사회에서는 다른 사람들이 자신에게 주목하지 않고 사회는 자신을 무시한다고 느끼는 사람이 많다. 그 가운데 일부는 온라인 인셀▮ 운동에서처럼 온라인상의 여성 혐오적인 글쓰기를 통해, 때로는 무고한 사람들을 실제로 신체적으로 공격하는 방식을 통해 눈에 띄는 존재가 되려 한다. 6장은 무시당했다는 느낌이 신자유주의적 성공 이데올로기나 거기에 종종 등장하는 "마초" 이미지와 연결되는 방식을 살펴본다. 이 이데올로기는 역설적으로 사람들이 지금 느끼고 있는 무능·불안·죄책감의 원인이 되어 왔다.

알고리듬 시대에 빅데이터는 우리가 스스로에 대해 생각하는 방식을 바꿔 놓고 있다. 그러나 무지는 데이터가 수집되고 사용되는 방식에서 중요한 역할을 한다. 의학 분야와 마찬가지로 빅데이터의 영역에서도 고지 후 동의는 권력의 메커니즘을 흐릿하게 만들며, 그 결과 그것을 유지하고 무지를 확대하는 원인이 된다. 7장은 자기 계발의 이데올로기에 대해 생각해 본다. 이 이데올로기는 이동전화 앱과 다양한 착용 장치의 증가에 기여해 왔다. 사람들은 그런 앱과 장치의 도움으로 습관을 바꾸고 더 생산적인 인간이 되기를 바라지만, 이런 장치들이 자신에 관한 데이터를 수집하고 있다는 사실은 무시한다. 오늘날 정치적으로든 사회적으

▎involuntary celibate의 약칭으로 비자발적으로 금욕의 상태에 놓이게 된 자를 말한다. 연애(또는 성관계)를 하고 싶어도 자신들을 무시하는 여성들 때문에 하지 못한다고 주장하는 남자들을 일컫는 신조어다.

로든 상업적으로든 사회를 통제하는 자들은 사람들의 행동에 대한 분석·조작·통제에 크게 의존하는데, 이를 위해서는 사람들에 관해 수집된 데이터가 필요하며, 따라서 빅데이터라는 불투명한 세계가 권력과 무지의 관계에서 중요한 요소가 된다.

자신에 관한 추정된 "진실"을 둘러싸고 형성된 새로운 환상(유전자·두뇌·빅데이터에 대한 매혹이 연료가 된다)과 정보의 출처나 정확성을 분별하는 일을 어렵게 만드는 가짜 뉴스에 시달리는 시대에 무지가 점점 늘어나는 것은 놀랄 일이 아니다. 사실 어떤 경우에는 이것이 긍정적일 수도 있다. 사람들이 지배적 이데올로기와 거리를 두고 새로운 형태의 사유를 할 수 있는 가능성을 열어 주기 때문이다. 그러나 이런 권력의 메커니즘 자체가 그것이 작동하는 방식에 관해 사람들이 계속 모르고 있어야만 유지될 수 있다는 점을 파악하는 것도 마찬가지로 중요하다.

1

무지의 여러 얼굴

무지에 관해 생각하는 방식에는 두 가지가 있다. 이 말의 첫 번째 의미는 지식의 부족이나 알고 싶은 마음의 부족과 관련되어 있는 반면, 두 번째 의미는 관계와 관련이 있다. 예를 들어 우리는 어떤 행동이나 사람을 무시하거나 관심을 두지 않는 쪽을 선택한다. 그러나 어떤 것을 무시하는 행동과 그것을 진짜로 모르는 상태는, 비록 겉으로는 매우 비슷하거나 심지어 똑같아 보일 수 있어도, 중대한 차이가 있다. 뭔가를 무시한다는 것은 그 중요성이나 존재 자체를 부인한다는 뜻이다. 이것은 또 그것을 못 본 체한다는 뜻이기도 하다. 이와 대조적으로, 뭔가에 무지하다는 것은 세계에서 어떤 것의 존재 — 실제이든 가능성으로서든 — 와 의미에 대한 인식이 결여된 상태와 관련된다. 무시하는 행동과 무지한 상태의 차이는 책임의 상태와 결백의 상태라는 도덕적 구분을 내포한다. 실제로는 인식하고 있는 뭔가를 무시한다는 것은 "원래의" 무지가 한때 제공했던 행복한 상태를 다시 얻으려는 노력과 관련된다.

"무지"라는 말은 주로 부정적 맥락에서 쓰이며 어떤 사람의 무지는 비난의 대상이 되곤 한다. 그러나 무지와 무시는 우리의 일상생활, 특히 우리가 관계를 형성하는 방식에서 중대한 역할을 한다. 사랑은 무지가 없다면 존재하지 않을 것이다. 아이를 기를 때를 생각해 보면, 부모는 완전히 아이에게 집중하다가도 의도적으로 무시할 때가 많다. 걸음마 단계의 아이가 짜증을 낼 때 달래는 가장 좋은 방법은 무시하거나 잠깐 "타임아웃"▮을 갖는 것이다. "타임아웃"이란 어린아이가 부모의 무시를 받아들여야만 하는 시간이다. 잠 또한 무지와 연결되어 있다. 불면증은 일상적 사건과 그것이 우리에게 일으키는 감정을 소화한 다음 쫓아내 버리는 일에 실패해서 생기는 경우가 많다.

전략적 무시는 학교에서도 장려된다. 교사들은 학생들에게 문제아들을 무시하고 그들의 도발에 관심을 기울이지 말라고 조언한다. 또 가끔 교사들은 특별히 파괴적인 행동을 하는 학생이 보내는, 개인적 문제나 가족 문제와 관련된 경고 신호를 무시하곤 한다. 교사들의 무시 방식은 더 세분해서 생각해 볼 수도 있다. 가령 뭔가가 잘못되고 있음을 경고해 주는 아이들의 비행을 무시할 경우, 그 경고에 주의를 기울이기는 하지만 개의치 않겠다는 뜻일 수도 있고, 진짜로 그것을 경고로서 알아차리지 못한 것일 수도

▮ 조용히 몇 분간 혼자 있게 한 다음 어떤 행동에 대해 다시 이야기하는 방식.

있다.

데이트를 할 때 상대의 결함을 무시하는 것은 욕망을 유지하는 한 방법일 수 있다. 또 우리는 뭔가를 기획하거나 만들 때 서로 비교하지 않도록 다른 사람의 작업은 무시하라는 말을 듣기도 한다. 일상생활에서는 사회규범 또는 인간관계의 기초에 놓인 "암묵적 규칙"을 존중하는 마음에서 무지를 가장하곤 한다. 우리가 존중하는 사람이 부적절한 말을 하거나, 이상하고 혐오스러운 옷을 입고 있는 경우를 생각해 보라. 우리는 예의상 아무 말도 하지 않고 그의 실수를 일부러 무시하는 쪽을 택할 수도 있다.

돈 문제는 흔히 진짜 무지와 가짜 무지 사이의 경계를 흐리게 만든다. 대부분의 직장에서 직원들끼리 보수는 서로 비밀이고, 수입에 관한 솔직한 토론은 금기다 ― 휴가, 자동차, 옷을 보면 잘 알 수 있지만 말이다. 가정에서 어떤 사람들은 배우자와 은행 계좌의 상세 내역을 공유하려 하지 않는다. 좀 더 일반적으로 말하자면, 결혼은 자신에게 중요한 다른 사람과의 관계에서 알지 못하는 것과 아는 체하지 않는 것 사이의 미묘하지만 필수적인 구분이 이루어지는 중요한 예가 될 수 있다.

무시할 수 있는 능력이 친밀하고 사교적인 관계에서 핵심적인 부분이라면, 이 능력의 부족은 우리 삶의 다른 영역에서 종종 큰 문제가 될 수 있다. 우리를 둘러싼 세계를 인식하고 이해하기 위해서는 우리 자신의 욕구를 충족시키고 목표를 달성하는 데 중요한 것이 무엇인지 판단해야만 한다. 이것을 할 수 없는 사람은 정상적인 생활을 하지 못할 수도 있다. 미국에서 지금까지 측정된 가장 높은 지능지수를 가진 한 여성은 관련 없는 정보를 그냥 무시하지 못해 성공할 수 없었다고 말한 적이 있다. 그녀는 무차별적으로 엄청난 양의 자료를 암기할 수 있지만, 주어진 상황에서 관련이 있는 것과 없는 것이 무엇인지 판단할 수 없었다. 이 여성은 어떤 일을 해야 할지 혹은 어떤 분야를 전공해야 할지조차 판단할 수 없었기 때문에 앞으로 나아갈 수 없었다. 그녀는 엄청나게 다양한 주제에 관해 알고 있지만 알 필요가 있는 것과 없는 것을 판단할 때 우리 대부분이 당연시하는 정신적 "필터"가 결여되어 있었던 것이다.[1]

보호를 위한 바보짓으로서의 무지

공자는 진짜 앎은 얼마나 무지한지 아는 데 있다고 지적했다. 비슷한 맥락에서 토머스 제퍼슨은 "아는 사람은 얼마나 아는 게 없는지 안다"라고 말했다. 벤저민 프랭클린의 격언에 따르면, "무지가 아니라 배우지 않으려는 것이 수치다." 소련과 유고슬라비아

같은 구사회주의국가에서 정치 지도자들은 열심히 공부하라고 학생들을 훈계했다. 레닌도 티토도 학생들에게 하는 연설을 "너희는 배우고, 배우고, 또 배워야 한다"라는 구호로 마무리했다고 알려져 있다. 이와 대조적으로 오늘날 몇몇 세계 지도자는 자신이 아는 게 없다는 것에 자부심을 느끼는 듯하다. 도널드 트럼프는 무지를 장점으로 바꾸었다. 그를 뽑은 많은 이들은 그가 빤히 드러내는 무지나 그것에 대한 수치심 부족에 오히려 동질감을 느끼면서 다른 가식적 정치인들이나 테크노크라트와 달리 그에게 진정성이 있다고 생각했다.

무지는 또 부인과 함께 연구돼 왔다. 리처드 S. 테들로우는 『부인』[국내에는 『CEO의 현실 부정』으로 소개됨]에서 기업 조직에서 이루어지는 중요한 부인의 사례들을 폭로하면서 대기업이 이로부터 어떤 식으로 이윤을 얻는지 보여 준다.[2] 테들로우에게 부인은 매일매일 싸워야 할 병이다. "그것은 움직이는 표적이다. 치료법이 없다."[3] 그는 브리티시 페트롤륨BP의 예를 든다. 2010년 멕시코만에서 심해 시추를 하다가 석유가 유출되는 사고가 발생했을 때 BP는 이 재난의 생태적 영향을 인정하지 않으려 했다. 테들로우는 이 기업의 반응을 설명할 수 있는 세 가지 시나리오를 제시한다. 첫째, 이 회사는 정말로 상황이 얼마나 심각한지 몰랐을 수 있다. 둘째, 기업 위계에서 낮은 위치에 있는 간부들은 무슨 일이 벌어지고 있는지 알았지만 상급자에게 말하기를 두려워했을 가능성이 있다. 셋째, 위에서 아래까지 모두가 무슨 일이 벌어졌는지 알았지만 끔찍한 진실에 눈을 감기로 결정했다. "그들은 보았지만 보지 않았다. 알았지만 알지 않았다. 보호를 위해 바보가 되었다."[4]

보호를 위해 바보가 된다는 말은 무슨 뜻일까? 이 표현은 조지 오웰이 사용한 것으로, 자신의 디스토피아 소설 『1984』에서 그것을 "범죄 중지" 전략으로 제시한다. 오웰은 그것이 "어떤 위험한 생각이 들기 직전에 마치 본능에 의한 것처럼 갑자기 그 생각을 멈추는 능력"이라고 밝힌다.[5] 여기에는 만일 기성 권력에 불리할 경우 "유추를 하지 못하고, 논리적 오류를 인식하지 못하고, 가장 간단한 주장조차 제대로 이해하지 못하는" 능력이 포함된다. 오웰이 말하는 능력은 또 "이단적 방향으로 갈 수 있는 모든 생각의 사슬을 따분해 하고 역겨워 하는" 것이다.[6]

슬로베니아의 한 대학 학장은 기업으로부터 돈을 받고 작성하는 보고서에 한 학생의 학위 논문에 있는 자료를 허락 없이 사용했다. 그가 표절로 비난받자 대학 측은 그를 보호하기 위한 바보짓에 들어갔다. 그들은 이 교수가 학생의 작업을 무단으로 이용한 것은 세 가지 이유로 그렇게 큰 문제가 아니라고 주장했다. 첫째, 조언자는 학위 논문의 공동 저자와 같다. 둘째, 교수의 보고서의 각주에 학생의 이름이 언급되었다. 셋째, 교수는 해당 회사와 개인으로 계약을 맺었고 대학의 이름으로 전문적 도움을 제공하지 않았다. 대학 측은 그 교수가 다른 사람의 작업을 표절했다고 인정하는 대신 진짜 표절이 무엇인지 재규정하려고 했다. 이 대학이 학생들에게는 표절시 치러야 할 무시무시한 대가를 강조하며 훈계해 왔다는 점에서, 이 사건에서 대학 당국이 자신들의 최고위 교수 한 사람을 방어하기 위해 그들을 제외한 나머지 세상이 표절이라고 규정하는 것을 받아들이지 않으려 한 것은 큰 혼란을 일으키는 일이었다. 그러나 이 스캔들은 곧 무시되었으며 교수는 그 행동에 어떤 책임도 지지 않았다.

사람들은 일상생활에서 다양한 형태로 스스로를 보호하기 위해 바보짓을 하거나 고의로 무지한 척한다. 내 친구는 파트너가 죽을병에 걸리자 자신이 그런 무시무시한 경험을 하고 있다는 사실을 저녁 파티에 모인 사람들이 무시해 주기를 바랐다. 심지어 자신에게 파트너의 병 이야기를 묻지 말아 달라고 손님들에게 공개적으로 부탁하기까지 했다. 불치병이라는 현실을 무시한 채 참석자들과 나누는 "정상적인" 대화 몇 시간은 그녀에게 꼭 필요한 위안을 주었다. 내 친구가 벌어지고 있는 일을 부인한 것은 아니다. 당시 그녀의 삶 대부분을 지배하고 있던 주제에 대한 집단적 침묵에서 위로와 감정적 휴식을 찾았을 뿐이다. 다른 커플도 치명적인 병과 마주했을 때 비슷한 자기 보호적 발언 금지 체제를 도입했다. 어느 금요일 오후 그들은 "병에서 해방된 주말"을 시작하기로 했다. 파트너 한 사람이 불치병에 걸리면서 이 커플은 주중에 의사를 찾아가는 일이 주 업무가 되었는데, 일단 주말이 시작되면 그런 상태에 관해서는 말하지 않고 모든 게 정상인 척하자는데 합의한 것이다.

이런 특별한 조건이 아니라 해도 자기기만, 무시, 눈 감기는 우리 사생활에서 엄청나게 유용할 수 있다. 부부의 행복을 연구하는 사회학자들은 파트너의 긍정적이고 좋은 면만 보는 사람들이 배우자를 더 "사실주의적" 관점에서 바라보는 사람들보다 훨씬 행복하다는 사실을 발견했다.

무지는 어떻게 자기기만과 연결될까? 레오나르도 다 빈치는 인간은 자기 의견에 가장 잘 속는다고 했다. 업튼 싱클레어는 어떤 사람이 어떤 것을 이해하지 않아야만 먹고살 수 있는 상황이라면 그 사람에게 그것을 이해시키기는 어렵다고 덧붙였다. 헨리크입센은 『들오리』에서 우리가 보통 사람에게서 거짓말을 빼앗으면 행복도 가져가 버리는 것일 수 있다는 점을 일깨워 준다.[7] 자기기만을 연구하는 사회학자와 심리학자들은 사람들이 자신은 스스로를 제대로 인식하고 있으며 사실대로 바라보고 있다고 생각한다는 사실을 발견했다. 하지만 그런 자기 인식은 얼마나 정확할까?[8] 1990년대 초반 미국의 대학 교수들을 대상으로 자기기만을 조사한 연구에 따르면, 놀랍게도 94퍼센트가 동료들보다 자신이 교수로서 유능하다고 생각하고 있었다. 고등학교 3학년생들을 대상으로 한 비슷한 연구에서도 대다수가 사교적 능력 면에서 자신이 평균 이상이라고 생각하는 것으로 나타났고, 상위 1퍼센트라고 생각하는 학생도 25퍼센트에 달했다.[9]

앎과 무지

사람들이 무언가에 대한 무지를 인정하는 경우는 얼마나 될까? 고위직 정치인이 자신이 장려하는 정책의 부정적 결과를 미처 다 알지는 못했다고 인정하는 말을 들은 적이 있는가? 또는 의사가 그 약이 환자에게 안 좋은 영향을 줄 수도 있다는 점을 몰랐다고 인정하는 걸 본 적 있나?

많은 저자가 무지에 대한 체계적 분류를 시도했다. 예를 들어 앤 커윈은 무지가 작용하는 영역을 여섯 가지로 구분한다.

① 모른다는 것을 알고 있는 모든 것(알고 있는 무지)
② 모른다는 것을 알지 못하는 것(알지 못하는 무지)

③ 알고 있다고 생각하지만 모르는 것(오류)

④ 안다는 것을 모르는 것(암묵적으로 알고 있는 것)

⑤ 금기("금지된" 앎)

⑥ 부인[10]

낸시 튜어나는 더 간략하게 무지의 네 가지 영역을 제시한다.

① 모른다는 것을 알면서도 알고 싶어 하지 않는 것

② 모른다는 것조차 모르는 것

③ (특권을 가진) 타인의 바람 때문에 모르는 것

④ 의도적인 무지[11]

예전의 철학 저작들에서 무지는 하나의 신비였다. 중세 신학자 니콜라우스 쿠자누스는 『박학한 무지』라는 글로 알려져 있는데, 그는 여기에서 아는 것과 알지 못하는 것(아는 것이 아닌 것) 사이의 관계를 연구했다.[12] 쿠자누스는 자신이 "박학한 무지"— 알지 못함을 아는 상태 — 라고 부르는 것을 권장했다. 쿠자누스가 보기에 우리는 알지 못하는 것을 아는 체하고 싶어 한다. 그러나 그에게 궁극적 진리는 사물의 본질 또는 존재의 진리가 절대 완전히 이해될 수 없다는 사실과 관련이 있다. 따라서 진리와 관련해

"우리가 알 수 있는 것은 오직 한 가지, 진리는 완전하게 이해될 수 없다는 것밖에 없다."[13]

쿠자누스에 따르면 이런 인식은 끝이 아니라 오히려 진정한 이해의 시작이다. 우리가 무지(즉 이해하지 못하는 상태)를 더 깊이 이해할수록 "우리는 진리에 더 다가간다." 다르게 표현하면, "자신이 아는 것이 아님을 알수록" 배움이 커진다. 따라서 신을 완전히 헤아릴 수 없는 것과 마찬가지로 "모든 사물의 기저에 있는 본질은 우리의 인지로부터 보호받고 있으며" 우리는 알고 싶어 하는 무지의 상태에 놓이게 된다.[14]

오늘날 쿠자누스의 이런 말은 잊힌 듯하다. 생물학과 관련해 인간을 정의하고자 하는 욕망은 최근 유전자나 뇌세포에서 개인의 성격이나 주체성의 "진실"을 찾으려는 노력을 장려해 왔다. 인간 정신의 진실을 몸에 정초하려는 욕망은 역설적으로 무지의 새로운 길을 열고 있지만, 쿠자누스가 옹호하는 "박학한 무지"의 형태는 아니다.

정신분석과 무지

정신분석은 처음부터 무지에 관심을 가졌다. 정신분석 이론은 또

한 부정과 부인이 가진 힘에 초점을 맞추었는데, 이 둘은 모두 억압과 관련이 있다. 사람들은 어떤 생각·이미지·기억을 "억압"할 때 그것을 의식에서 밀어낸다. 이때 생각·이미지·기억은 잊혀서 다시 떠올리는 것이 불가능해지는데, 이는 의식이 그것을 아는 것을 감당할 수 없기 때문이다. 정신분석을 받는 사람이 부정이나 부인에 의지하는 것은 억압이 힘을 잃어 억압되었던 생각이 다시 떠오르려 하기 때문일 수 있다.

프로이트는 임상 동료들에게 환자가 부정의 형식, 즉 "나는 아니다", "나는 하지 않았다", "이것은 그렇지 않다"를 사용할 때 분석가는 그다음에 따라오는 말에 관심을 기울일 필요가 있다고 조언했다. 부정은 긍정으로 끝날 수 있고, 그러면 환자는 억압되어 있던 것을 드러내기 시작할 수도 있기 때문이다.

프로이트의 환자가 꿈을 묘사하다 갑자기 "내 꿈속의 여자는 나의 어머니가 아닙니다"라고 말했을 때가 한 가지 예다. 이는 뜻밖의 말이었다. 그 남자의 꿈속의 여자가 어머니임을 암시하는 것은 전혀 없었기 때문이다. 환자는 이런 부정을 통해 자신의 집착을 부인함으로써 그것을 드러낼 길을 찾은 것이다. 프로이트가 설명했듯이, 부정은 억압된 관념에 언어적 존재를 부여하기 때문에 억압된 것을 인식할 수 있게 만드는 방법이 된다. 환자의 어머니가 "아닙니다"라는 덮개를 쓰고 등장한 것이다.[15]

부정을 통해 감춰진 진실이 제 목소리를 내는 경우도 있다. 즉, 부정은 어떤 사람이 억압되어 있는 뭔가를 받아들이지는 못했지만 인정하고 있음을 나타내는(그래서 부인에 기대는 것이다) 첫 번째 표시다. 따라서 프로이트에게 부인은 억압의 약한 대리자 역할을 하는 동시에 억압된 내용을 무의식으로부터 회복하는 미완의 임무를 가리킨다. 그러나 부인과 거짓말을 구분하는 것은 중요하다. 의식적인 거짓말은 의도적 기만행위지만, 부인은 의도적이지 않은 저항 행위다.[16]

간단히 말해서, 우리는 뭔가를 부인할 때 자신도 모르게 감추고 싶어 하는 바로 그것을 드러낸다. 그 결과 틈새나 단층선이 벌어지게 되며, 그 자리에서 우리가 전에는 의식하지 못했던 생각이 갑자기 떠오른다. 이런 이유에서, 약간 역설적이기는 하지만, 프로이트는 부정을 자유라는 관념과 연결했다. 부인은 억압된 기억이나 감정과 연결된 것이 떠오를 수 있게 해주기 때문에 우리는 마침내 억압된 생각의 의미를 파헤치는 일에 나설 수 있다. 그러나 새로운 형태의 억압에 의지하게 될 수도 있다.

프로이트 이후의 분석가들 또한 부인의 중요성을 인식하고, 개인의 부인이 더 넓은 사회적 배경과 연결되는 방식에 관해 생각하기 시작했다. 오토 페니켈은 뭔가를 부인하는 사람은 종종 가공의 믿음이나 명백한 거짓말의 도움으로 자신의 부정적 진술의 힘을 강화할 필요를 느낀다는 점을 지적한다. 거짓말을 하는 사람이나 특정 사실을 왜곡하는 사람은 자신의 진술을 믿어 줄 다른 사람이 필요하기 마련이며, 이런 기록의 변조를 거치면서 때로는 자기 거짓말을 스스로도 믿으려 한다.[17]

정신분석가들은 부인에서 나타나는 직접적 부정만이 아니라 사람들이 대화 상대에게 뭔가가 중요하지 않다고 설득할 때 사용하는 다른 말들도 경계한다. 프로이트는 그런 상황에서 "단지"라는 말이 종종 특정한 역할을 한다는 점을 지적했다. 가령 환자는 "그것은 단지 꿈에 불과하다"라고 말할 수 있다. 이 말을 듣는 정신분석가는 내담자가 굳이 상담 중에 어떤 꿈 이야기를 꺼내 놓고 나서 왜 그 중요성을 가볍게 보려는 듯한 행동을 하는지 의문을 제기해 볼 수 있다.

나아가 산도르 S. 펠드만은 부인에 어떤 단어나 태도가 수반되는 경우가 많다는 점을 파고들었다. 우리는 말하려고 하는 것의 중요성을 부인하는 대신 "이건 다른 얘긴데", "잊기 전에 하는 말인데"처럼 방금 생각난 것을 이야기하는 듯한 말로 시작할 때가 있다. 가끔 "솔직히", "내 말을 믿어 줘", "정직하게 말해서", "진짜로 이야기하는데"처럼 강조하는 표현으로 부정직을 가리려고도 한다. 부정적인 감정을 위장하는 책략에 사용되는 또 다른 말로는 "진지하게 한 이야기가 아니다", "너에게 상처를 주려는 건

아니었다", "그냥 장난이었다" 같은 것들이 있다.[18]

정신분석가와 내담자의 관계는 그 핵심에서 특정한 종류의 무지가 기능하고 있다. 분석 관계에서 필수 요소인 전이는 사랑과 다르지 않은 감정적 유대다. 내담자는 첫 약속을 잡기도 전에 분석가가 어떤 것을 알고 있다고 전제한다. 또는 라캉이 말했듯이, 분석가는 이미 "알고 있다고 여겨지는 주체"다. 그러나 수십 년 경력의 분석가도 내담자가 무슨 이유로 약속을 잡았는지, 어떤 무의식적 환상이 문제를 일으키거나 고통을 완화할 수 있는지, 그 개인의 욕망이나 충동이 무엇인지 절대 알 수가 없다. 분석가는 알고 있다는 유리한 입장에 서기를 거부할 뿐만 아니라, 자신을 사랑의 대상으로 제시하려는 내담자의 시도를 무시할 필요가 있다. 잘 알려져 있다시피 분석 환경에서 전이는 분석가에 대한 내담자의 사랑의 감정을 자극하며, 이런 감정은 내담자가 무의식적 욕망이나 충동을 탐색하는 일에서 앞으로 더 나아가고 싶지 않을 때 종종 나타난다.

라캉의 무지를 향한 열정

1950년대에 정신분석가이자 이론가 자크 라캉은 프랑스의 손꼽

히는 불교학자 폴 드미에빌이 진행한 일련의 강의에 참석했다. 이 때 소르본 대학은 저명한 불교 승려 월폴라 라훌라를 초빙했는데, 그는 불교를 대중에게 소개하는 책 『붓다의 가르침』으로 이름을 얻고 있었다. 라캉이 라훌라의 강의를 들었는지는 분명치 않지만, 불교에 대한 관심이 깊어지면서 정신분석 상담에서 무지의 중요성에 관해 이야기하기 시작한 것은 놀랄 일이 아니다.

라훌라는 가르침에서 불교를 따르는 자는 명확히 봄으로써 의심을 제거하도록 노력해야 한다고 주장했다. 의심이 필요하다 해도, 의심·혼란·주저를 극복하고 진실에 다가갈 때만 진전이 가능하다는 점을 반드시 이해해야 한다. 이런 맥락에서 무지는 그릇된 생각과 더불어 모든 악의 뿌리 가운데 하나다.

그러나 선불교는 무지에 약간 다르게 접근한다. 선불교에서 중요한 문제는 무지에 대한 무지이다. 예를 들면 이렇다. "무지 자체는 악이 아니고 악의 원천도 아니지만, 우리가 무지에 무지할 때, 무지가 우리 삶에서 의미하는 바에 무지할 때 악이 끝없이 이어지게 된다."[19]

라캉은 아마도 정신분석의 이론과 실천에 관한 자신의 생각을 발전시키는 데 무지에 대한 불교적 관점이 유용함을 발견했을 텐데, 그것은 무엇보다도 불교가 무지를 단순하게 인지와 연결하려 하지 않고, 오히려 미지의 것에 대한 더 깊은 이해와 연결하려

하기 때문이다. 선불교는 이렇게 말한다. "우리가 뭔가 안다고 생각할 때는 반드시 우리가 모르는 것이 있다. 알게 된 것 뒤에는 늘 알지 못하는 것이 있고, 우리는 이 알지 못함을 아는 자에는 다다르지 못하는데, 사실 이는 모든 인지 행위의 피할 수 없는 필수 동반자다."[20]

붓다 자신도 이 점에 곤혹스러워 하다가 아는 자와 알게 된 것의 이원론을 초월하고 나서야 무지를 극복할 수 있었다. 그러나 이런 초월은 인지 행위라기보다는 영적 깨달음, 단순한 인지를 넘어서서 일어나는 자기실현이었다. 이 깨달음은 논리적 추론 영역의 바깥에 놓여 있었다. 정신분석은 깨달음에 관해 말하지는 않지만, 그럼에도 그 나름의 방식으로 알지 못하는 것에 다가가는 일에 관해 이야기한다. 분석가는 내담자의 이야기가 기존의 지식을 따르지 않고 편견에 좌우되지 않으면서, 라캉이 말하는 대로 "무지를 향한 열정"에 따라 진행되도록 놔둘 필요가 있다.

정신분석은 신경증·정신병·도착 같은 여러 상태로 표현되는 무지를 다양한 방법으로 구별해 왔다. 프로이트는 신경증은 정신병과는 대조적으로 현실을 거부하는 것이 아니라 무시할 뿐이라고 지적했다. 나중에 프로이트 이후 정신분석가들은 현실을 인정하지 않으려는 신경증 환자의 시도가 실패하는 과정을 살펴보았다. 예를 들어 밀턴 호로위츠는 침범의 힘을 분석했다. 큰 스트레스를 주는 중요한 사건 뒤에 우리는 그 트라우마의 감정적 영향을 부인할 여러 가지 전략을 찾을 수도 있지만, 예상 밖의 관념이나 겉으로는 어울리지 않는 것처럼 보이는 감정이 침범하듯 불쑥 나타날 수도 있는데, 이것은 우리가 트라우마를 계속 무시하지 못하게 만든다.[21]

무지와 사회적 관계

사람들은 종종 부인과 무지를 자신의 현실 인식과 맞지 않는 불편한 진실을 다루는 유용한 전략으로 사용하기도 하고, 현실을 더 유쾌하고 더 쉽게 감당할 수 있게 해주는 환상 시나리오를 창조하는 도구로 사용하기도 한다. 이런 전략들은 또 사회적 관계를 온전하게 유지하는 데 사용될 수도 있다.

인류학자 마크 호바트는 지식의 성장에는 무지의 성장이 수반되지만, 이 무지의 성격은 다양한 종류의 지식이 전제하는 것에 따라 정도와 종류가 달라진다고 주장한다. 그는 세네갈의 전통 공동체를 예로 드는데, 이 사람들은 어떤 기예를 습득했는지에 따라 나뉘어 있다. 우연히 특정한 기예를 알게 되었지만 공식적으로는 그 기예를 습득하는 집단의 구성원이 아닌 사람들은 그 기예에 필요한 기술이 없는 척해야 한다. 예를 들어, 직조공 집단 출신이 아니지만 직조 방법을 아는 사람은 직조공의 무리 속에 있을 때 자신의 지식을 감출 필요가 있는 것이다.[22]

그런 전략은 다양한 집단들 사이의 관계를 온전하게 유지하기 위해 무지를 활용한다. 여기서 비밀 유지는 특정 집단의 지위를 인정하고 온존시키는 방식으로 비기예인과 장인 사이의 관계를 지속시킨다는 데 그 사회적 의미가 있다. 기예를 세습함으로써 직업이 세습되는 공동체에서는 특정 집단 외부의 사람들이 지식을 감춤으로써 세대에서 세대로 지위가 이어지게 된다.[23]

호바트는 이런 비밀 유지 방식이 부인과 관련된 특정한 문화 정치를 중심으로 발전한다고 지적한다. 많은 전통 사회에서 마법을 이와 비슷하게 다룬다. 마법의 실행과 거기에 포함된 기술 문제는 개인이 공개적으로 입에 올릴 수 있는 것이 아니기 때문이다. 지식을 비밀로 유지하는 것은 사회적 위계를 유지하는 방법으로 기능할 수 있다. 마찬가지로 거짓이나 폭력을 드러내지 않는 것은 권력 구조를 온전하게 유지하는 데 일조할 수 있다. 세계 전역에서 가부장제 사회는 여성에 대한 폭력을 체계적으로 무시한다. "미투" 운동과 함께 선진국에서는 이제 성추행과 성폭행에 대한 의도적 무시를 전처럼 참지 않겠다는 사람들과 더불어 작지만 의미 있는 변화가 시작됐다. 발전도상국에서도 여성에 대한 폭력이 미디어에 폭로되면서 변화가 생기기 시작했다. 미국의 저널리스트 엘런 배리는 인도의 한 작은 마을에서 사람들이 아내가 남편에게 잔인하게 살해당하는 것을 목격한 사건에 관해 이야기한다. 목격자들은 모두가 이 범죄를 무시했다. 공식 기록에는 여자가 추락사한 것으로 기록되었다. 이 저널리스트는 범죄가 일어난 과정을 묘사하는 많은 목격자를 만나며 놀랐고 남편조차 자신이 아내를 죽였다고 인정했을 때는 충격을 받았다. 그렇다면 어떻게 공식 기록에 이 범죄에 관한 뻔뻔스러운 거짓말이 자리 잡게 된 것일까? 모든 마을 사람이 진실을 알고 있는데 왜 그것을 폭로하는 사람이 단 한 명도 없었던 것일까? 이 저널리스트는 마을의 권력 구조가 복잡한 카스트 위계에 의존하고 있고, 특정 카스트의 구성원이 살인 유죄판결을 받으면 권력을 쥔 정치인이 다음 선거에서 상당한 표를 잃게 될 수도 있다는 사실을 알아냈다. 살인자의 가족은 경찰이 이 범죄를 수사하지 않도록 뇌물을 주었다. 나아가 권력을 쥔 마을 촌장이 몇 시간 동안 피해자의 어머니를 설득해 고소를 막았다. 범인은 곧 새로 젊은 부인을 구했다. 새 부인은 전 부인이 어떻게 죽었는지는 아랑곳하지 않고 그녀가 쓰던 장신구를 걸치고 다녔다. 모두가 범죄의 진실을 알았지만 집단적으로 그것을 무시했던 것이다. 이 전략은 마을 촌장이 다음 선거에서 승리하는 데 일조했고 마을의 위계 관계는 그대로 유지되었다.[24] 그러나 이 이야기가 『뉴욕 타임스』에 실리면서 상황이 돌변했다. 현지 경찰은 살인자를 체포했고 그는 기소되었다.[25]

집단적 형태의 무지는 선진국에도 널리 퍼져 있다. 찰스 밀스는 수백 년에 걸쳐 유색인 주민들을 복속시켜 온, 체제 전체의 집단적 인지 오류의 예로 "백인의 무지"를 폭넓게 연구해 왔다. 백인 주민은 백인 규범성, 사회에서 지배적인 백인 서사, 그리고 다양한 형태의 사회적 기억상실의 도움으로 자신의 우위를 유지할 수 있었다. 백인의 무지는 이런 전략들을 통해 체제 내에서 유색인 주민의 불평등뿐만 아니라, 인종차별적 언어와 관행에 대한 무시가 지속되게 한다.[26]

사회의 이케아화

무제한으로 보이는 정보를 온라인으로 이용할 수 있는 시대에 지식의 부족을 인정하기란 어려운 일이다. 모두가 구글 같은 검색 엔진의 도움을 받을 수 있으니 어떤 것을 알지 못하는 데 대한 핑계는 댈 수 없다고 가정되기 때문이다. 그 결과 모든 사람이 모든 것의 달인으로 여겨진다.

이로 인해 지난 10년간 나를 비롯한 여러 학자들이 지적한 사회의 "이케아화" 상태에 이르게 되었다.**27** 일을 조직하는 방식에서 일어난 변화가 지식을 향한 압박을 낳아 무지의 여지는 남지 않게 된 것이다. "스스로 해라"라는 이데올로기가 우리 삶의 구석구석에 스며들었다. 개인적으로 우리는 휴가 계획을 짜고 이케아 가구를 조립하고 전화기에 새로운 소프트웨어를 설치하는 것에서부터 자신의 병을 진단하고 최선의 치료를 찾는 일에 이르기까지 삶에서 엄청나게 많은 것을 습득해야 한다. 이런 여러 가지 일에는 서로 다른 수준의 지식이나 기술이 관련되지만, 온라인 정보의 잠재적 이용 가능성으로 인해 문제에 대한 답을 찾아내고 모든 것에서 전문가가 되는 것이 전적으로 우리 자신에게 달려 있는 것처럼 보이게 되었다.

현대 자본주의가 가장 초기부터 의지하던 자수성가라는 이상은 알지 못하는 상태를 인정하는 것을 불가능하게 만드는 자기 학습의 이상으로 서서히 변화해 왔다. 사회의 이케아화의 부정적인 면은 자신의 지식 부족을 인정하기를 주저한다는 것이다. 사람들이 논의 중인 주제에 대해 전문 지식을 갖고 있든 아니든 자신감을 갖고 논평한다는 사실은 소셜 미디어만 봐도 알 수 있다.

사회의 이케아화와 더불어 우리와 권위의 관계에도 변화가 생겼다. 모두가 아마추어 전문가가 되어 전문 지식에 대한 회의와 불신이 늘어나는 세계에서, 지난 몇 년간 전문가에 대한 반발이 늘어난 것도 놀라운 일은 아니다. 전문가에 대한 믿음의 부식에 기여한 핵심 요인은 지식의 부족이나 뭔가가 잘못된 상황을 전문가들 자신이 인정하지 않으려 한다는 것이다 — 금융 위기와 경제학자를 생각해 보라. 사회심리학 실험이 보여 주었듯이 때로는 더 많은 정보를 갖고 있다는 것이 우리에게 이해하지 않아도 알 수 있다는 착각을 심어 주기도 한다.[28]

특정 주제에 관한 정보를 많이 획득한 사람들은 그것을 다 기억하지 못할 수도 있고 사용법을 모를 수도 있다. 그러나 그들은 흔히 다 기억하고 다 안다고 생각하며, 그래서 자신감은 늘어 간다. 나아가 사람들은 흔히 자신의 전문 분야에서 어떤 문제에 대한 답을 모른다는 것을 인정하기를 주저한다. 이런 자신감 과잉은 이른바 사후 과잉 확신 편향 — 우리가 그동안 뭔가를 쭉 알고 있었다는 착각 — 을 낳기도 한다.

과거 정치인들이 자기 지식의 한계를 알 필요성에 관해 지혜로운 말을 하는 것을 좋아했다면, 오늘날 권력을 쥔 엘리트들은 무지의 공유를 통해 보통 사람들과 연대하고 있음을 보여 주고 싶어 한다. 권력은 늘 사람들이 진실을 드러내기를 꺼리는 태도에 의존한다 — 벌거벗은 임금님 이야기는 누구나 알고 있다. 오늘날 바뀐 게 있다면 사람들이 진실에 눈감는 데서 하나가 되는 것이 아니라 진실에 대한 무지에 의해 하나가 되고 있다는 것이다.

그러나 무지는 지식의 단순한 부재나 부족이 아니다. 그것은 또한 해당 집단이나 전체 사회가 지식을 생각하는 방식에도 영향을 미친다. 무지의 성격은 또 한 사회가 지식 부족의 결과를 어떻게 다루느냐에 따라 달라지기도 한다. 그것이 수치나 권력 상실의 이유가 되는가, 아니면 한 개인이 알고 있는 사실을 규정하고 나아가 사회에서 자신의 역할을 규정하는 데 도움을 주는가? 또 만일 어떤 지식이든 지식은 대상에 관해 확신을 주고 세상에서 우리의 자리에 대한 불안을 없애 주는 효과가 있다면, 반대로 무지는 세상에 관한 불확실성과 불편을 암시할 수 있다. 만일 지식이 교육, 경험, 타고난 재주와 관계없이 모두가 차별 없이 이용 가능한 것이라고 믿게 된다면, 무지의 상태는 더욱더 굴욕이 된다.

지식 경제에서 무지

우리는 "터널 시야"나 "인터넷 거품"과 관련된 무지가 늘어나는 현상에 관한 부정적 진술을 자주 듣게 된다 — 반면 새로운 지식을 발견할 때 무지가 하는 "생산적" 역할에 관해서는 그만큼 자주 듣지 못한다. 스튜어트 파이어스타인은 그의 책 『이그노런스』에서 컬럼비아 대학에서 무지에 관한 강의를 했던 자신의 경험을 이야기한다. 그는 많은 과학자에게 각자의 작업에서 무지가 얼마나 핵심적인지 고백해 달라고 요청했다. 파이어스타인에게 무지는 지식에 필연적으로 나타나는 공백과 관련이 있으며, 과학은 이 공백을 인정하도록 밀어붙이는 엔진인 동시에 과학자가 계속 자기 비판적 태도를 유지하게 하는 역할을 한다.[29]

의사가 지식이 부족할 때는 겸손한 행동이 환자의 목숨을 구할 수도 있다. 한 슬로베니아 교수는 의대생들이 시험에서 틀린 답인 걸 뻔히 알면서도 답지에 적어 낼 경우 감점을 하는 것으로 유명했다. 답을 모르는 학생은 정답을 추측하기보다는 답안지를 공백으로 남겨 두라고 장려한 것이다. 이 교수는 학생들이 추측의 위험을 반드시 배워야 한다는 말로 자신의 교수법을 정당화했다. 그러나 대학은 이 교수의 논리에 반대해 채점 관행을 바꾸라고 명령했다.

전문가가 자신의 무지를 인정하는 것은 모두에게 도움이 된다. 그럼에도 우리의 "지식 기반"이라고 일컬어지는 경제에서는 과학자들이 더 배우는 것을 막는 구조적 장애들이 있다. 하나의 예는 과학 저널인데, 이는 지식을 확산한다는 목적으로 기획된다. 과학자들은 유명 저널에 글을 쓰는 임무를 열심히 수행하지만(동시에 남들이 쓴 글에 대해 동료 평가라는 무보수 작업도 한다), 일단 발표하고 난 뒤에는 자료에 대한 접근권이 엄두도 못 낼 만큼 비싼 경우가 많아 이를 쉽게 확보하기 어렵다. 최근 수십 년간 일부 과학 출판사들은 자신의 간행물에 대해 기관들에 매우 높은 구독료를 요구하는 복잡한 사업 기제를 만들어 왔다. 따라서 정부의 자금 지원을 받은 연구 결과를 도서관들만 비싼 비용을 내고 이용할 수 있는 경우가 많고, 이 도서관들은 또 구독료를 지불하기 위해 정부 지원을 받아야 한다는 역설이 나타났다. 이런 도서관에 접근할 수 없는 개인에게는 엄청난 양의 새로운 지식이 출입 금지 구역인 셈이다. 따라서 기업의 현실은 파이어스타인이 확인한 것과는 다른 방식으로 무지를 과학적 노력의 목표로 삼고 있다. 여기에서 무지는 지식에 필수적인 공백과 연결되는 것이 아니라 구조적인 경제 기제와 연결되는데, 이것은 이윤을 위해 지식에 대한 접근을 제한한다.

"지식 기반 경제"라는 표현을 들을 때 우리는 이 경제가 의지하는 새로운 테크놀로지 때문에 사람들이 더 많은 것을 알게 될 것이라는 인상을 받곤 한다. 그러나 경영학자들은 "지식 경제"는 차라리 "무지 경제"라고 부르는 것이 맞다고 지적한다. 경제가 지식 공백의 창출과 전략적 활용에 심하게 의존하고 있기 때문이다. 조앤 로버츠와 존 아미티지는 "지식 경제의 가장 중요한 기제는 지적 능력에 대한 의존성이 더 높아지는 데 있지 않다. 오히려 그런 지적 능력을 억제하겠다는 결의가 더 강하다"라고 지적한다.[30]

한편으로 지식 경제는 지식이 제한되고 특허가 붙고 포장되고 구획되는 방식에 크게 의존한다. 다른 한편으로 지식 경제가 활용하는 세련된 테크놀로지는 사람들이 이 테크놀로지가 작동하는 방식을 이해하는 것을 어렵게 만든다. 구글 같은 커다란 인터넷 검색 엔진들의 예를 들자면, 소비자들은 이 회사들의 핵심적 알고리듬이 어떻게 작동하는지, 검색 과정에서 어떤 자료가 수집되고 있는지, 그게 누구에게 팔리는지 전혀 모른다. 검색 엔진들은 정보에 접근하는 사람들에게 큰 도움이 되지만 사용자들은 자신이 알게 되는 것에 관해 깊이 생각할 필요가 없다. 질문에 대한 답이 대부분 클릭 한 번이면 나오기 때문이다.

지식 경제는 모든 종류의 데이터, 강력한 컴퓨터, 복잡한 소프트웨어에 접근할 수 있고, 거기에 교육 서비스와 자문 서비스의 지원도 받는 세련된 참가자들에게 의존하고 있다. 이런 구조에는 상표·판권·특허 등의 수단으로 지식에 대한 접근이나 지식의 사용을 보호하는 법적 기제가 필수적이다. 이 경제에 참여하기 위해서는 이런 복잡하고, 종종 접근 불가능하거나 은밀한 기제에 익숙해져야 한다. 지식 경제가 사실 무지의 생산·분배·소비에 뿌리를 두고 있다는 로버츠와 아미티지의 강력한 주장은 옳다. 그러나 로버트 N. 프록터는 담배 산업 연구에서 전통적인 경제도 이윤을 늘리기 위해 소비자가 어떤 대가를 치르든 그 나름의 방식으로 무지

를 장려했다는 것을 보여 주었다.[31]

사생활에서 우리는 종종 새로운 테크놀로지의 도움으로 어마어마한 양의 지식에 접근할 수 있게 되었다는 느낌을 받지만, 그 새로운 테크놀로지가 우리의 관심에 어떤 영향을 미치는지에는 그다지 관심을 기울이지 않는다. 인터넷은 정보 획득을 위한 거대하고 새로운 가능성을 열어 놓았다. 하지만 동시에 이해 부족에서 오는 불안을 견디는 우리의 능력은 줄여 놓았다.

칸트의 『순수 이성 비판』 공부를 시작하던 학부 1학년 때가 기억난다. 나는 바로 이 어려운 텍스트에 뛰어들었지만 첫 스무 쪽을 읽은 뒤 칸트 주장의 핵심을 이해하지 못한다는 사실을 인정할 수밖에 없었다. 이 책을 독파하기 위해서는 나의 지식 부족에 대처해야 하는 불굴의 노력이 필요했다. 오직 끈질김 — 텍스트를 여러 차례 다시 읽고, 주장을 설명해 주는 해설 텍스트들을 찾아보고, 그때마다 길게 메모를 한 — 덕분에 나는 시험에서 살아남았다. 나는 이 경험에서 새로운 것을 배울 때는 미지의 것에 대한 불안을 견딜 필요가 있다는 귀중한 교훈을 얻었다. 예를 들어 우리가 완전히 습득하지 못한 언어로 소설을 읽을 때는 사전을 찾아보려고 자꾸 중단하기보다는 모든 단어를 완전히 이해하지는 못한다는 사실을 받아들이는 것이 도움이 된다. 그러나 칸트를 읽는 것은 불안에 대한 더 높은 수준의 저항력을 요구한다. 이런 글은 우리가 **아는 것**만이 아니라 **생각하는 방식**에 도전하기 때문이다.

그런 불안에 대한 우리의 태도는 새로운 테크놀로지 때문에 바뀌었다. 미지의 것에 관한 불안이 시작되는 순간 우리에게는 그 것을 감경할 수 있는 선택지가 있다. 텍스트에 있는 어떤 단어를 이 해하지 못할 때 우리는 온라인 사전에서 그것을 쉽게 찾아볼 수 있 다. 이런 종류의 빠른 해결책은 도움이 되지만, 종종 원래 의도했던 것보다 온라인에서 시간을 더 허비하게 되며 원래 하려던 일에서 벗 어나 산만해지기 쉽다. 우리가 온라인에서 이용 가능한 것을 무시 하도록 돕는 새로운 앱이나 다른 장치를 만들어 내는 산업이 생긴 것도 놀랄 일이 아니다. 소셜 미디어와 정보의 쉼 없는 흐름은 앱 차 단 장치와 시간 계획 장치에서부터 우리가 온라인에서 다른 데로 덜 빠지고 더 생산적으로 행동하게 만들어 준다고 하는 다양한 자 기 감시 프로그램들에 이르기까지 "무시 도구"를 위한 새로운 시장 을 열었다. 그러나 역설적으로 이 장치들은 보통 사용자에 관한 데 이터를 모은다. 따라서 사용자는 한눈을 팔게 만드는 것들을 무시 하는 데 성공할지 모르지만 그렇게 할 수 있도록 돕는 도구를 제공 하는 기업들은 절대 그들을 무시하지 않는다.

2

빈 무덤

전쟁에서의 무지·망각·부인

어린 시절 구유고슬라비아에서 우리는 제2차 세계대전에서 조부모가 한 일에 관한 에세이를 자주 써야 했다. 우리는 부모나 조부모(아직 살아 계신 경우)에게 파르티잔 병사로서 또는 적어도 파르티잔 대의의 지지자로서 했던 영웅적 활동을 이야기해 달라고 부탁했다. 내 부모에게는 한 가지 이야기밖에 없었다. 매년 나는 죽은 외할아버지의 이야기를 적어 냈다. 할아버지는 오스트리아 국경 근처 작은 읍인 슬로베니 그라데치에 빵집을 갖고 있었다. 어느 날 부상을 입은 파르티잔이 할아버지의 빵집에 피신을 부탁했다. 그는 할아버지에게 읍에서 벗어나게 도와달라고 간청했는데, 그것은 곧 독일 검문소를 통과해야 한다는 뜻이었다. 할아버지는 이웃 마을들에 빵을 배달할 수 있는 허가증이 있었기 때문에 파르티잔을 밴의 빵 더미 밑에 숨겨 주기로 했다. 자신의 목숨을 걸고 파르티잔의 목숨을 구해 준 것이다. 그 일이 있고 나서 수십 년 뒤 이 영웅적인 이야기 덕분에 외손녀인 나는 사회주의 교육의 이데올로기적 미로를 헤쳐 나갈 수 있었다. "친할아버지는 어땠어요? 그분도 파르티잔을 도왔어요?" 나는 부모에게 물었다. "할아버지도 작지만 자기 몫을 하셨지. 하지만 안타깝게도 건강이 좋지 않아 젊은 나이에 폐병으로 돌아가셨다." 아버지는 이렇게 대답하곤 했다.

내가 초등학교를 졸업할 무렵 아버지는 친할아버지에 관한 진실을 이야기해 주었다. 그는 폐병으로 죽은 게 아니라 1946년에 공산주의자들에게 살해당한 것이었다.

아버지의 가족이 살던 곳은 카린시아라고 알려진 지역으로 1920년에 국민투표로 둘로 나뉘어 각각 오스트리아와 유고슬라비아에 속하게 되었다. 그래서 친척 가운데 일부는 오스트리아에 정착하고 일부는 유고슬라비아에 살게 되었는데, 이는 특이한 일이 아니었다. 그 지역에서는 많은 사람이 두 언어를 모두 썼고, 친족 내에서 유고슬라비아인과 오스트리아인 사이의 유대는 매우 돈독했다. 그러나 파르티잔이 전쟁에서 승리한 뒤 공산당 위계의 사다리를 올라가고 싶어 하던 이웃들은 내 아버지의 가족들과 같은 사람들을 잠재적인 나치 부역자라고 비난했다. 할아버지는 수감되었다가 1년 뒤에 석방되었으나 그때부터 진짜 고통이 시작됐다. 가족은 그가 집으로 돌아오기를 기다렸지만 소용없었고, 3년이 지난 뒤에야 공산당에 연줄이 있는 지인을 통해 할아버지가 실종된 이유를 알 수 있었다. 할아버지는 석방 후 유고슬라비아에 남을 것인지 아니면 오스트리아로 이송될 것인지 선택해야 했다.

그는 오스트리아를 택했다. 그곳에 있는 친척들의 도움으로 더 편히 살 수 있기를 바랐기 때문이다. 아내와 세 자식은 나중에 합류하면 될 것으로 생각했다. 이것은 운명적인 결정이 되고 말았다. 오스트리아로 가는 쪽을 택한 사람들은 버스로 유고슬라비아 국경(전후에는 연합군이 통제하고 있었다)까지 옮겨졌으나, 어떤 이유에서인지 연합군이 예고 없이 그날 국경을 봉쇄하기로 결정해 국경을 넘지 못하고 다시 버스에 타야 했다. 그러나 그들은 집에 가지 못하고 근처 산속으로 끌려가 죽었다. 어느 공산당 고위층이 공산주의 미래를 건설하는 일을 도울 생각이 없는 사람들은 숙청하라는 명령을 내린 것이다. 아버지가 이 이야기를 해줄 때 우리는 여전히 공산주의 체제에 살고 있었기 때문에 그런 일에 관해서는 입을 다물어야 한다는 것을 알았다. 나는 계속 학교 숙제로 빵집 주인이었던 외할아버지의 영웅담만 써냈다. 친할아버지의 유해는 찾지 못했다. 슬로베니아 북부 포호르예 숲에서는 계속 유해를 발굴하고 있다. 하지만 이 죽음과 범죄는 아직 종결되지 않았다.

내 유년 시절의 긴 기간 친할아버지의 죽음은 공개적으로 이야기되지 않고 무시되었다. 그렇다고 이야기가 완전히 금지된 것은 아니다. 부모는 결국 내게 말해 주었다. 하지만 부인하거나 가두어 온 진실을 드러내는 방식은 아니었다. 그냥 한 번도 거론하지 않던 화제를 입에 올렸을 뿐이다.

이런 앎은 무시하거나 비밀로 할 수 있지만, 정서적 영향은 부지불식간에 세대에서 세대로 전달될 수 있다. 나는 친할아버지 이야기 때문에 선택이라는 문제에 관심을 갖게 되었고, 이것이 내게 놀라운 방식으로 영향을 주었다. 나 자신이 개인적 결정을 내리기 힘들게 된 것이다. 일반적인 선택에 생사가 걸려 있는 느낌이었다. 내가 여러 나라에서 일하면서 특별히 한 곳을 선택하는 것을 피해 온 것도 어디에 살 것인지 선택하는 게 불가능해졌기 때문이다. 인생의 어느 지점에서 나는 선택을 둘러싼 나의 딜레마가 친할아버지와 관계가 있다는 것을 깨달았다. 할아버지가 어떻게 죽었는지 알게 된 후로 나는 할아버지가 왜 그런 선택을 했을지 자문하곤 했다. 당국은 국경을 넘어가겠다고 결정한 사람들을 처음부터 죽일 계획이 아니었을까? 할아버지가 당국을 믿어서는 안 된다고 직감했지만 공산주의 체제를 탈출하고 싶은 욕망이 너무 강했던 거라면? 그래서 위험한 줄 알면서도 국경 너머로 보내준다는 제안을 받아들인 걸까? 자신의 상황에 관해 더 잘 알고 선택을 할 수는 없었을까? 이런 질문들이 쏟아지면서 선택은 점점 죽음과 연결되어 가는 느낌이었다. 잘못된 선택을 하면 반드시 치명적인 결과가 따라올 것만 같았다.

전쟁에서 나타나는 다양한 무지의 양상

1991년, 유고슬라비아라고 알려져 있던 나라가 해체되면서 슬로베니아는 세르비아 민족주의자들이 주축을 이루는 유고슬라비아군의 공격을 받아 열흘간 짧은 전쟁을 경험했다. 처음에 슬로베니아인 대부분은 분명히 유고슬라비아군의 지상 공격이라는 현실을 부인하고 무시했다. 소망적 사고가 지배했으며 "진짜 전쟁이 벌어졌다는 말은 사실일 리 없다. 그냥 사소한 군사적 충돌일 것이다. 곧 상황이 정상으로 돌아갈 것이다" 같은 이야기를 자주 들을 수 있었다. 그러나 며칠 지나지 않아 사람들은 자국에서 벌어진 이전의 예기치 않았던 긴 전쟁들이 어떠했는지 떠올리면서 불안해하기 시작했다. 다행히도 세르비아의 슬로보단 밀로셰비치가 이끄는 공격적이고 권위주의적인 체제는 유고슬라비아 공군을 완전히 장악하지 못했고, 그래서 슬로베니아는 실제로 공습을 당하지는 않았지만, 많은 슬로베니아인이 공습을 예상하고 긴 시간을 대피소에서 보냈다. 경보 해제 사이렌이 울리면 상점으로 달려가 음식을 사다 쟁여 놓았고 찾을 수 있는 보호 장비도 다 챙겨 두었다. 어떤 가게에서 낡은 러시아제 가스 마스크를 발견한 기억이 난다. 나는 유통기한이 오래전에 지났다는 것도 깨닫지 못한 채 의무감에 그것을 샀다.

전시의 불안은 압도적일 수 있다. 친구들과 뉴스를 듣는 데 쓰는 시간을 줄이고 매일 몇 시간씩 책 한 권을 함께 읽으며 의도적으로 그것을 무시하려 했던 기억이 난다. 우리의 주제는 히치콕 영화들에 대한 정신분석학적 해석이었다. 심각한 사회적 공황의 시기에 영화를 보고 분석하며 친구들과 떠들면서 불안을 잊으려 했던 것이다.

슬로베니아의 짧은 전쟁은 끝났지만 이웃한 크로아티아에서 훨씬 길고 잔인한 갈등이 점점 악화해 가는 상황에서 보스니아-헤르체고비나에도 정치적 부인의 한 형태가 등장했다. 그것을 지켜보는 것은 힘든 일이었다. 그 무렵 세르비아인이 완전히 장악한 유고슬라비아군은 슬로베니아에서 퇴각 후 보스니아-헤르체고비나에 점점 많은 무기를 쌓아 두기 시작했다. 그러나 많은 보스니아인은 오랫동안 이어질 전면전이 터질 수 있다고는 도저히 믿을 수가 없었다. "우리 보스니아인이 진짜 유고슬라비아인이다. 우리는 국가를 초월할 수 있다고 믿는다. 우리는 유럽의 중심에 있다." 이것이 보스니아에서 유고슬라비아의 군사행동이 의미하는 바를 부인하는 것을 가능하게 해준 신조였다. 심지어 보스니아 대통령 알리이자 이체트베고비치는 이렇게 말했다. "전쟁은 없을 테니 모두 편히 자면 됩니다."[1]

1992년에 전쟁이 터졌을 때 보스니아 난민 가운데 많은 수가 슬로베니아로 이동하기 시작했고, 슬로베니아인은 깊은 동정심으로 그들을 맞이했다. 많은 슬로베니아인은 난민과 자신을 강하게 동일시했는데, 자신의 땅에서 벌어졌던 짧은 전쟁에 대한 기억이 여전히 남아 있어 자신도 비슷한 운명을 간신히 모면했을 뿐이라고 느꼈기 때문이다. 자신이 자비와 동정심을 갖추고 있다는 사실에 만족할 때는 어떤 사람과 동일시하는 것도 쉬워진다. 그러나 몇 년 뒤 슬로베니아인은 세상 다른 사람들과 마찬가지로 슬로베니아에 이미 살고 있는 보스니아인, 또 그들 뒤에 온 새로운 이민자와 난민에 대한 관심이 훨씬 줄어들었고, 더불어 이런 동일시도 많이 약해졌다.

전후 20년간의 앎과 무지

보스니아에서 세인트루이스까지

보스니아인들이 1995년의 스레브레니차 집단 학살과 종전 20주년을 기리던 시기에, 나는 아직도 사랑하는 사람이 집단 매장지에서 발견되고 또 발굴되고 있다는 사실을 살아남은 자들이 어떻게 감당하고 있는지 자문하기 시작했다. 나는 나 자신의 가족사를 염두에 두고 이런 무시무시한 진실을 아는 것, 알지 못하는 것, 인정하지 않는 것이 법의학적 분석으로 피해자의 신원을 확인하는 것이 가능해진 시기에 어떤 식으로 나타나는지 궁금했다. 또 20년 이상이 흘러 과거사의 진실이 공개되고 전쟁을 피해 이주한 사람들은 이미 새로운 공동체에 더 긴밀하게 통합돼 있을 때 무슨 일이 벌어지는지 관찰하고 싶었다. 미국에서 보스니아 난민이 가장 많이 사는 곳은 세인트루이스이다. 이곳에는 또 토드 딘이 이끄는 활기찬 정신분석 공동체가 있는데, 그는 오랫동안 난민들을 무료로 지원해 왔다.[2] 2013년에 나는 난민이 어떻게 과거에 대처하고 있는지, 그들이 새로운 나라에 어떻게 정착하고 있는지를 탐사하러 세인트루이스에 가보기로 했다.

나와 세인트루이스의 첫 만남은 택시 기사와 나눈 묘한 대화에서 시작되었다. 내가 기사에게 리틀 보스니아(보스니아인이 큰 집단을 이루어 사는 세인트루이스의 한 지역)로 가 달라고 요청하자 그는 눈에 띄게 화를 내며 나를 그곳으로 데려다 주기를 주저했다. 그는 60대 초반의 흑인으로 보스니아 주둔 나토군에서 근무한 경험이 있었고 퇴역 후 빈약한 연금을 벌충하고자 택시를 몰았다. 그의 관점에서 볼 때 세인트루이스의 보스니아 난민은 자신보다 잘 살고 있었다. 그는 정부가 자신을 버렸고 자신의 복지는 정부의 우선순위 목록에서 난민보다 아래에 있다고 말했다. 그는 일부 난민이 새 나라에서 정말로 "해낸" 것에 특히 화가 나 있었다. 그들은 돈이 되는 사업을 하고, 큰 집을 사고, 주에서 복지 혜택을 받음으로써 그가 도저히 따라갈 수 없는 성공을 거둔 것처럼 보였다.

그러나 직접 가보니 리틀 보스니아는 난민이 다른 미국 거주자를 누르고 새로운 삶을 건설한 약속의 땅과는 거리가 멀었다. 사실 그곳은 오래전에 사라진 과거, 기억과는 달리 절대 이상적이지 않았던 과거에 시달리는 황무지, 유령도시였다.

내가 리틀 보스니아에서 처음 들른 곳은 스타리그라드(구도심)라고 부르는 작고 노후한 식당으로, 안에 들어가자 마치 옛날 유고슬라비아 영화를 그대로 옮겨 놓은 듯했다. 초라한 테이블에는 비닐 탁자보가 덮여 있고, 벽에는 저급한 크리스마스 장식이 걸려 있으며, 공기에서는 담배 냄새가 났다. 사방에는 단정하게 액자에 넣은 보스니아 도시들의 흑백사진 — 영원히 잃어버린 삶의 잔존물들 — 이 걸려 있었다. 레스토랑에 손님은 없었고 늙은 여자만 바 뒤에 있다가 내가 원래 어디 출신이냐고 묻자 의심스러워하는 눈으로 나를 쳐다보았다. 그녀는 내키지 않는 표정으로 자신이 프리예도르라는 보스니아 도시 출신이며, 가족 가운데 많은 이들이 전쟁에서 죽었고, 자신은 미국에 진짜로 자리를 잡지는 못했다고 말했다. 그녀는 여전히 영어가 서툴렀다. 레스토랑은 간신히 버티고 있었으며, 그녀에게는 언젠가 보스니아로 돌아가겠다는 강한 욕망이 있었다. 그러나 돌아갈 곳에는 남은 것이 거의 없었다 — 집은 파괴되었고 친구와 친척들은 그녀와 연락을 유지할 생각이 별로 없었다. 그들은 그녀가 미국에서 잘살고 있다고 생각하며 부러워했고, 그녀는 진실을 말해 줘야 하나 망설이고 있었다.

내가 리틀 보스니아에서 다음으로 들른 곳은 보스니아 축구 클럽이었다. 이곳은 분위기가 약간 명랑했다. 지역 보스니아 축구팀이 중요한 이주민 간 대항전에서 막 승리를 거둔 뒤였기 때문이다. 그곳은 1970년대 사회주의 시절의 구내식당 같았다. 초라한 나무 의자들과 녹색 탁자보가 보였고 벽에는 축구 선수 사진과 클럽 용품이 걸려 있었다. 클럽 감독이 해준 이야기는 레스토랑 여자와 비슷했다. 그도 전쟁을 피해서 왔으며 이제 돌아갈 곳이 없었다. 전쟁 때 자식들과 피신하던 중 다섯 살 난 딸이 발이 걸려 넘어졌고 보스니아 세르비아군 병사가 그의 눈앞에서 아이를 죽였다. 그와 나머지 가족은 수용소에 가게 되었고, 어린 딸의 주검은 세르비아인이 그때 공격당한 다른 피해자들과 함께 근처 묘지에 묻었다. 나중에 가해자들이 범죄를 덮기 위해 묻은 사람들의 유해를 다른 비밀 집단 매장지 여러 곳에 흩어 놓았다는 사실을 알게 되면서 딸의 죽음으로 인한 공포는 훨씬 심각해졌다. 이제 그는 매년 여름 보스니아에 가서 딸의 유해를 찾고 있었다. 그는 법의학의 힘을 굳게 믿는 사람으로, DNA 분석의 도움으로 언젠가는 딸의 유골을 찾아 마침내 추모비를 세우게 되면 이 일이 자신에게도 어떤 식으로든 종결될 것으로 생각하고 있었다.

끔찍한 상실과 고난을 겪은 사람들은 종종 사건이 일어나기 전에 자신이 할 일을 제대로 하지 못한 것에 죄책감을 느낀다. 보스니아 세르비아군 사령관 라트코 믈라디치는 보스니아인 8000명 이상이 죽은 1995년 스레브레니차 집단 학살로 재판을 받은 주요 인물 가운데 한 사람이다.[3] 재판에서 처음 증언한 사람은 현재 세인트루이스에 사는 엘베딘 파시치였다.[4] 그는 열네 살 때 아버지가 마을의 다른 남자들과 함께 끌려가는 것을 목격했다. 그와 어머니는 결국 강제수용소에 들어갔고, 그는 나중에 아버지와 다른 남자들이 잔인하게 살해당했음을 알게 되었다. 파시치는 증언 도중 감정을 주체하지 못하고 흐느끼면서 자신이 아버지를 마지막으로 한 번 볼 기회가 있었지만 보지 않는 쪽을 택했다는 이야기를 했다. 그는 아직도 그 기회를 놓친 것을 아쉬워했다. 자식이 생기면서 죽은 아버지의 기억은 그를 더 끈질기게 따라다녔다. 그는 믈라디치 재판의 결과에서 무엇이 나오기를 바라느냐는 질문에, 아버지의 유해가 어디 있는지 알게 되면 좋겠다고 대답했다.

세인트루이스에 사는 또 다른 보스니아 난민 에르타나 지조비치는 전쟁 때 자신은 열두 살이었는데, 사라예보에 있는 밭에서 사과를 따주겠다고 했던 친구가 적의 사격으로 죽었다는 사실을 알게 된 일을 회상했다.[5] 지조비치와 가족들은 그 나라를 빠져나와 결국 세인트루이스의 다른 보스니아인들 옆에 정착하게 되었다. 그녀는 전쟁 중 목격한 것들 때문에 자신이 또래 여자들과는 근본적으로 다르다고 느꼈다. "그런 경험 때문에 백 살은 먹은 느낌이에요." 그러나 요즘에는 과거 이야기를 거의 하지 않는다. "그건 옆으로 밀어 두고 살고 싶습니다. …… 그렇다고 잊었다는 건 아니에요. 기억하고 싶지 않은 거죠."**6**

의도적인 비회상 전략은 과거를 과거 속에 유지하는 의도적 무시와 같은 방식으로 기능한다. 그러나 트라우마를 일으킨 사건을 의식적으로 기억하고 싶지 않을 때도 원치 않는 기억은 조심스럽게 구축된 방어벽을 파괴할 수 있다. 예를 들어 리틀 보스니아의 장년층 여성 중 많은 이들이 일에서 피난처를 찾아, (청소부로 또는 식당에서) 오랜 시간 저임금 육체노동을 했다. 물론 돈이 필요해서였지만 다수에게 일은 고통스러운 과거로부터 피난처를 제공해 주었다. 일을 열심히 하는 동안은 기억이 그들을 괴롭힐 가능성이 줄어들기 때문이다. 그렇다 해도 사고가 생기거나 아프거나 일상을 무너뜨리는 다른 예상치 못한 일이 생기면 고통스러운 기억이 돌아온다. 끈질기게 이어지는 활동을 통해 구축된 방어망이 갑자기 무너지는 것이다 — 그러면서 그들이 그렇게 세심하게 구축해 온 세계도 무너지기 시작한다.**7** 종종 우울이 따르고, 그와 더불어 벌어진 일을 이해하지 못하는 무능이 찾아온다.

나는 세인트루이스의 보스니아 정육점에서 전직이 트럭 운전사였던 남자를 우연히 만났다. 그의 인생은 잘 풀리고 있었다. 그는 생계를 유지할 돈을 잘 벌고 있었으며 전쟁은 이제 옛일이 된 것 같았다 — 교통사고를 겪기 전까지는 말이다. 그는 신체적 부상에서는 꽤 빠르게 회복했으나 사고는 무시무시한 기억의 봉인을 풀어놓아 그는 완전한 파탄을 겪게 되었다. 그는 결국 정신병원에 갔고 다시는 일을 할 수 없었다. 내가 이 남자를 만났을 때 그는 인간이 아니라 그림자처럼 보였다 — 그는 뭔가가 죽어 버린 사람처럼 말했다. 중년에 접어든 그의 몸에서는 모든 에너지가 빠져나간 것 같았다. 잠깐 만났음에도 그는 자신의 경험에 관해 말하면 상처가 더 깊어질 거라고 두려워하는 것처럼 보이기도 했다.

무시무시한 상실이나 고통을 말하는 것은, 어떤 상황에 관해 공개적으로 말하는 것이 예기치 않은 결과를 낳을 수 있거나 그 정보가 당국에 신고되면 정말로 위험해지는 공동체에 살았던 사람들에게는 특히 문제가 된다. 예를 들어 과거 공산주의 체제에서 정신 건강 문제는 낙인이 되었고, 이 문제로 고통받는 사람들을 종종 자기 의사에 반해 병원에 입원시키는 경우가 많았다. 더욱이 특정 공동체에서 남자들은 약하다는 신호를 보내는 것이 금기시되었다.

정신분석가 토드 딘은 내게 세인트루이스 보스니아 난민은 법적인 문제가 생길 때 — 예를 들어 범죄를 저질러 난민 지위를 잃을지도 모른다고 걱정할 때 — 정신과 의사나 다른 치료사를 찾는 일이 많다고 말해 주었다.[8] 그들은 보통 신경과민과 불면증 같은 증상에 관해 이야기하기 시작한다. 사실 처음에는 꾀병을 부려주 당국과 일을 처리할 때 자신에게 도움이 될 만한 서류를 얻을수 있는 치료를 받는 데만 관심이 있는 것처럼 보였는데, 간혹 이런 상담이 무시무시한 과거의 경험을 드러내고 인정하는 길이 되기도 한다.[9]

딘은 천식으로 고통을 호소하던 이브로의 사례를 이야기해주었다. 그의 증상은 매년 크리스마스 즈음이면 심각해져 유럽에 있는 가족에게 전화도 못 할 정도가 되었다. 분석 과정에서 이브로는 자신이 처음으로 전화로는 말을 하지 못하게 된 게 전쟁 중어느 특정한 순간임을 기억해 냈다. 그는 보스니아 세르비아군이 근처 마을에 수용소를 짓고 있다는 것을 모르고 있다가, 마을 남자들이 갑자기 끌려가 돌아오지 않게 되자 충격을 받았다. 그의부인은 이런 상황에서 부녀자는 보통 건드리지 않는다고 장담하며 그에게만 멀리 가서 숨어 있으라 했고, 그는 그 말대로 했다. 며칠 뒤 집으로 전화를 해보고 그는 아내와 자식이 수용소로 끌려 갔음을 알게 되었다. 그리고 이 참담한 소식을 들은 순간부터 그는 갑자기 전화를 못 쓰게 되었다. 전쟁 뒤 이브로는 가족과 재회

했다. 그들은 미국으로 이주했고, 그곳에서 다시 전화로는 말을 못 하는 일이 생겼다. 더불어 자기도 모르게 걷잡을 수 없이 우는 일이 잦아졌다.

이브로는 이런 문제들이 어쩐지 신체적인 원인 때문인 것 같아 몸에 무슨 이상이 있는지 알아보려고 의사들을 찾아다니기 시작했다. 그는 또 영어를 하지 못한다고 주장했는데, 그래서 분석가와 이야기할 때 통역의 도움을 받았다. 그러나 통역이 상담에 오지 못하게 된 어느 날 이브로는 자신의 생각을 영어로 표현하는 데 아무런 문제가 없음이 드러났다. 갑자기 그가 자신의 문제에 관해 말하는 방식도 바뀌었다. 이브로는 신체적 원인을 찾는 대신 마침내 감정에 대처할 마음이 생겨 천천히 전쟁의 기억들을 불러내고 대응하기 시작했다.

트라우마 연구는 사람들이 계속해서 삶을 이어 가고자 하는 필사적인 시도 속에서 트라우마를 일으킨 경험에 대한 기억을 억누르는 일이 많다는 것을 보여 준다. 살아남으려면 과거에 벌어진 무시무시한 일에 대한 앎을 종종 피하고, 감추고, 일상의 경험적 앎과 분리할 필요가 있다.[10] 고통스러운 경험을 말로 옮기는 것이 불가능한 상황은 루스 와인리브가 해준 이야기에서 극명하게 드러난다. 그 이야기에서 어른이 된 딸은 어머니에게 나치 강제수용소 경험을 묘사해 달라고 요청한다. 어머니는 그 이야기를 하고 싫지 않지만, 딸이 고집을 부리자 텅 빈 백지 네 장으로 이루어진 편지를 보내는 것으로 응답했다.[11] 과거의 고통스러운 사건을 떠올리고 그것을 말로 표현하기는 쉽지 않을 수 있지만, 그렇다고 그 일을 잊었다는 뜻은 아니다. 자크 라캉은 트라우마를 일으킨 사건에 관해 말할 수 없을 수도 있지만, 그 사건은 계속해서 "어딘가에서 주체가 통제하지 못하는 뭔가에 의해 …… 말해지고 있다"라고 경고한다.[12] 이브로의 사례에서 그가 크리스마스에 유럽으로 전화를 하지 못하는 것은 자신의 고통스러운 전쟁 경험을 말로 표현하지 못하는 것과 관계가 있었다.[13]

길리드 나흐마니는 트라우마와 무지에 관한 연구에서 트라우마의 공통 요소 가운데 하나인 무력감에 의해 정상적 인지 과정이 파괴되는 과정을 살펴보았다.[14] 파괴의 결과 피해자에게 트라우마를 일으킨 경험에 대한 기억은 흐릿해지거나, 부분만 남거나, 왜곡되거나, 완전히 사라질 수 있다. 트라우마의 기억이 불가능해지는 것은, 피해자가 아무리 기억하고 싶어도 핵심적인 디테일조차 떠올릴 수 없기 때문이다. 나흐마니는 묻는다. "많이 아는 것, 더 많이 의식하는 것이 치료상 바람직할까? 분리된 것을 '재결합'하려면 무엇을 해야 할까?"[15] 그는 무시무시한 경험을 파헤치는 과정에서 피해자는 단지 "트라우마를 아는 것" — 예를 들어 다른 사람들이 그것에 관해 이야기하는 것을 들음으로써 — 을 넘어서야 한다고 결론 내린다. 피해자는 고통스러운 경험을 자신의 말로, 그것이 자신에게 미친 영향을 더는 무시하지 않고 인정할 수 있는 방식으로 정리할 수 있어야 한다.

트라우마와 새로운 지식

난민은 과거의 폭력적 경험에 시달릴 때 종종 새로운 언어를 배우거나 새로운 나라에 관한 기본적 정보를 흡수하는 데 어려움을 느낀다.

세인트루이스에서 난민과 함께 일하는 법률가와 분석가들은 한 소말리아 여자의 경우를 떠올렸다. 아도(가명)는 거의 20년 전 폭력을 피해 고향을 떠났다가 결국 난민으로 미국에 왔다. 그녀는 새로운 땅에 자리를 잡고 싶었지만 영어를 제대로 익힐 수가 없었고 미국에 주가 몇 개인지, 초대 대통령은 누구인지 같은 간단한 질문에 답을 할 수 없어 여러 차례 시도에도 불구하고 시민권을 얻지 못했다. 시민권 신청을 도와주던 법률가들은 다른 면에서는 똑똑한 이 여자가 이렇게 여러 번 떨어지는 것에 놀라, 그녀가 그렇게 간단한 질문의 답도 외우지 못하는 이유를 이해하고자 정신분석가 친구에게 연락했다.

처음에 아도는 정신분석가에게 미국 시민이 되고자 하는 강한 욕망을 품고 적응을 잘해 온 젊은 여자라는 인상을 주었다. 그녀가 새로운 고향에서 겪는 문제는 하나 — 추위 — 뿐이었다. 그녀는 미국에 도착한 뒤 결국 미시간에 자리를 잡았는데 이곳은 겨울이 몹시 추운 곳이다. 그녀는 다른 소말리아 난민들과 한 집을 썼고 여기에서 그녀가 좋아하던 장소는 부엌의 스토브 옆이었다. 그녀는 그 자리를 떠나고 싶지 않아 늘 부엌에 머물렀다. 다른 방에서 들리는 남자들 목소리도 추운 날씨만큼이나 그녀를 불안하게 했다. 오직 스토브의 열기와 다른 소말리아 여자들의 목소리만이 그녀의 불안을 잠시라도 가라앉힐 수 있었다.

그러던 어느 날 그녀는 빙판길에서 가벼운 교통사고를 당했다. 피해는 비교적 적었고 심각한 부상이 아니었지만 아도의 세계는 무너졌다. 그녀는 깊은 우울에 빠져 자살까지 생각했다. 10년이나 지났는데도 소말리아에 살던 시절 겪은 무시무시한 사건들의 기억이 다시 떠오르기 시작했다. 세인트루이스의 보스니아인 트럭 운전사 사례와 마찬가지로, 사소한 교통사고가 오래전 폭력과 관련된 기억의 문을 열어 버린 것이다. 그러나 내가 정육점에서 만났을 때 너무 활기가 없어 보이던 그 남자와는 대조적으로 아도는 폭넓은 치료 덕분에 트라우마를 일으킨 과거를 서서히 헤치고 나아갔고 시간이 지나자 충만하고 생산적인 삶을 살기 시작했다. 시민권 시험도 문제없이 통과했다.

갑작스러운 충격과 폭넓은 치료 덕분에 아도는 무의식적으로 마음을 무겁게 짓눌러 새로운 지식이나 기술 습득을 포함해 다른 아무것도 생각하지 못하게 했던 트라우마와 관련된 기억을 뚫고 나갈 수 있었다. 그전에 그녀의 마음은 자신에게 일어났던 일을 무시하려고 애쓰느라 다른 모든 것을 무시하고 있었던 것이다. 정신분석가 훌리오 그라넬은 사고가 때로는 형체를 잘 갖추지 못했던 것에 형체를 부여하는 데 도움이 된다는 점에 주목했다.[16] 어떤 사람들의 경우 사고 전에는 심각한 불안을 겪고 있다가 갑자기 내적 세계의 드라마가 바깥 세계의 드라마—작은 교통사고부터 허리케인에 이르기까지 무엇이든—로 치환된다. 바깥 세계의 이 갑작스러운 침범으로 그 사람은 그것에 완전히 집중하게 되고, 충격을 받고 불안에서 빠져나와 어떤 선택이나 행동에 돌입하게 된다. 영국의 정신분석가 윌프레드 바이언은 사고나 참사가 개인이 의미를 찾거나 발견하는 방법까지도 제공할 수 있다고 믿었다. 개인의 발달에서 변화는 종종 폭력이나 혼돈의 순간에 일어난다. 자신을 보는 새로운 발상이나 방법은 파괴적 힘들이 닥쳐올 때에만 나타나기도 한다.[17]

사라진 주검

사랑하는 사람을 잃는 것만으로도 이미 힘든 일이지만 사랑하는 사람이 어디에 묻혔는지 알지 못하는 것은 큰 트라우마와 고통의 원인이 된다. 보스니아에서는 학살 피해자의 유해를 찾는 작업이 계속되고 있다. 보스니아-헤르체고비나 실종자 협회는 지금까지 실종자 3만 명 가운데 2만 명을 확인했고, 매년 보스니아 사람들은 발굴하고 확인한 피해자를 다시 매장하는 사업을 하고 있다.

야스밀라 즈바니치 감독의 단편 다큐멘터리 〈붉은 고무장화〉는 법의학 전문가 아모르 마쇼비치가 보스니아-헤르체고비나에 흩어져 있는 집단 매장지를 발굴하는 과정에 동행한 한 여성의 여정을 보여 준다.[18] 이 여성은 전쟁에서 어린아이 둘을 잃었으며, DNA 분석의 도움으로 애들의 유해를 찾을 수 있을지도 모른다는 희망을 품었다. 매장지 여러 곳을 찾아간 뒤에도 잃어버린 아이들의 흔적을 찾지 못하자 두 아들 가운데 하나가 죽을 때 신고 있던 빨간 고무장화를 발견하는 것이 그녀의 유일한 희망이 되었다. 그녀는 썩지 않는 플라스틱 장화가 두 아들이 묻힌 곳을 알려 주기를 바랐던 것이다. 영화에서 그녀는 내몰리듯 여러 매장지를 찾는다. 그녀의 얼굴은 얼어붙은 듯하다. 아무런 감정을 보이지 않는다. 그런데 그러다 갑자기 약간 냉정한 목소리로 자식을 잃은 다른 여자들과 달리 자기는 자식들 꿈을 꾸지 않는다고 말한다. 다른 여자들은 꿈에서 자식들을 만나 행복하지만 그녀는 두 아들의 주검을 찾는 데서나, 꿈에서 그들을 만나는 데서나 아무런 위로를 얻지 못한다.[19]

마쇼비치는 DNA 일치가 살해당한 아들을 둔 어머니들의 상실에 절대적 최종성을 부여하는 것이기 때문에, 아직 감당할 준비가 되어 있지 않은 이들의 경우 DNA 분석 지원을 거부한 적도 있었다고 말한다. 또 죽은 자에게 살아남은 친척이 없어 조사관들이 DNA 일치 검사를 할 수 없는 경우도 있었다.

마쇼비치가 결론에서 말하듯이, "실종자 가족이 이 전쟁의 가장 큰 피해자이다. 애도할 곳이 없기 때문이다." 그는 이 불가능한 애도를 "끝나지 않은 집단 학살"이라고 부른다. 이제는 죽은 자에 대한 범죄가 아니다. "이것은 살아 있는 자들의 학살이다."[20]

레이첼 시르는 코소보에서 이루어진 법의학적 조사에 관한 글에서 법의학의 진전이 "목격자와 생존자의 증언을 중심에서 몰아낼 매우 현실적 잠재력을 갖고 있다"라고 경고한다.[21] 물리적 증거는 잔학 행위가 있었다거나 책임자들이 그것을 알았다는 사실을 부인하려 할 경우 그에 맞서는 가장 강력한 증거가 되는 경우가 많다.[22] 그러나 법의학에 대한 믿음은 적절한 기술만 개발되면 사망자의 흔적만 남아 있어도 주인을 알아낼 수 있다는 환상으로 가는 문을 열기도 했다. 실제로 시르는 법의학이 궁극적 목격자 — "모든 것을 보고 복원할 수 있는 사람" — 를 찾을 수 있다는 환상으로 가는 문을 열었다고 경고한다.[23]

시르는 또 물리적으로는 텅 비어 있을 수 있지만 소급적으로 상징적 의미를 부여할 수 있는 빈 무덤과 대개 볼 수 있고 분석할 수 있고 셀 수 있는 주검을 담은 무덤의 차이를 논한다. 빈 무덤은 거기에서 뭔가가 사라졌다는 표시 이상일 수 있다. 그것은 어떤 물리적 증거로도 지울 수 없는 상실 — 개인들이 자기 나름의 방식으로 대처하는 상실, 말로 할 수 없는 상실, 그 주변에 이야기들이 떠돌 수 있는 상실, 하지만 종종 침묵과 연결되는 상실 — 을 표시하는 역할을 할 수 있다.

우리 가족은 할아버지를 위해 빈 무덤을 만들기로 결정했다. 20년 전 할머니가 세상을 떠났을 때 우리는 묘석의 할머니 이름 옆에 할아버지 이름을 새겨 넣었다. 이 비명碑銘은 그녀의 무덤을 상징적 의미가 가득한, 반은 비어 있는 묘로 바꿔 놓았다.

증거의 부인

대규모 잔학 행위가 일어난 후에는 그 여파로 보통 수치를 둘러싼 또 다른 전투가 시작된다. 홀로코스트를 부인하는 사람들이나 보스니아 코소보 전쟁에서 행방불명된 사람들을 둘러싼 논란이, 과거를 통제하려는 그런 노력의 절박한 예들이다. 발칸반도에서 피해자의 정확한 숫자 문제는 곧 양쪽이 부정과 통계, 그리고 기타 추상적 개념들을 이용해 수를 줄이거나 늘리는 방식으로 갈등을 계속 이어 가는 전장이 되었다.

1993년, 유엔은 유고슬라비아 붕괴 후 벌어진 전쟁범죄를 기소하기 위해 구유고슬라비아국제형사재판소를 세웠다. 이 재판소에서 심리가 이루어지는 동안 생존자와 가해자의 이야기와 더불어 사실 증거들과 법의학적증거물이 제출되었다. 그러나 동시에 가해자들, 특히 보스니아-헤르체고비나에서 세르비아인이 통제하는 땅에 사는 사람들도 자기 나름의 증거를 모아 제출했는데, 대부분은 범죄를 부인하고 자신을 피해자로 제시하는 것이었다.[24] 슬로보단 밀로셰비치는 수치의 조작과 부정 모두에 달인이었다 — 그는 심지어 헤이그에서 열린 심리 때 증언에 나선 BBC 기자에게 코소보에 있다고 한 집단 매장지를 "보지 못했다"고 인정하라고까지 했다.

요바나 미하일로비치 트르보브츠는 프리예도르에서 벌어진 민족 청소의 피해자와 가해자의 기억과 이야기를 분석해 왔다. 프리예도르는 세인트루이스의 많은 난민의 고향이며 지금은 세르비아인이 통제하는 스릅스카 공화국의 일부로 이 공화국은 보스니아-헤르체고비나의 두 정치적 독립체 가운데 하나다.[25] 프리예도르 지역 공무원들은 1992~95년, 도시 주변 여러 수용소에 지역 이슬람교도들 가운데 다수가 수용되어 있었고 매우 비인간적인 환경에서 강간과 살해가 자행되었다는 사실을 인정하지 않으려고 다양한 전략을 구사했다. 미하일로비치 트르보브츠는 과거에 관해 만들어진 서사에서 작동 중인, 이런 범죄에 대한 부인의 다양한 형태들을 관찰했다. 지역 정치인들은 세르비아인이 제2차 세계대전 동안 나치에 의한 민족 청소의 피해자였음을 강조하곤 했다. 그들은 이런 피해를 추모하기 위해 특별 추모일을 제정하고 나치 범죄의 피해자를 기리는 추모비를 세웠다. 부인의 다음 전략은, 세르비아인이 보스니아 전쟁 당시 이슬람교도를 감금했던 임시 수용소는 사실 민족 청소와는 아무런 관계가 없다고 주장하는 것이었다. 수용소들은 이 도시의 공식 담론에서는 "전투에서 포로가 된 사람들 또는 보안부의 작전 정보를 근거로 구금된 사람들을 위한 임시 집합소"가 되었다.[26] 그러나 피해자들은 이 수용소들을 "제2차 세계대전 이후 유럽 최초의 강제수용소"이자 "죽음의 공장"이라고 부른다.[27]

보스니아 전쟁 이후 프리예도르 지역에는 비세르비아인이 거의 살지 않았으며, 그래서 격식을 갖춰 피해자를 추모하려는 시도는 보스니아 이슬람교도가 이 지역으로 돌아오기 시작한 2000년 후에야 시작되었다. 당시 현지 정치인들은 추모 행사와 추모비 건립을 지지하지 않을 수 있는 다른 핑곗거리를 찾았다. 그것은 보스니아 전쟁을 어떤 식으로든 추모하면 다민족적 관계의 재확립에 방해가 된다는 것이었다. 그들은 임시 수용소에서 죽어 간 사람들의 추모비를 세우는 것이 현지 세르비아 주민의 감정에 상처를 줄 것이라며 우려를 나타냈다. 정치인들이 사용한 또 하나의 핑곗거리는 이슬람 주민의 죽음을 추모하기는 하겠지만 사라예보에 세르비아인의 죽음을 추모하는 적절한 추모비가 세워진 뒤에 하겠다는 것이었다.[28]

헤이그 재판에서 가해자들은 증인 출석 요청을 피하기 위해 갖은 구실을 댔다. 라트코 믈라디치는 정신과 의사 출신인 그의 협력자 라도반 카라지치의 재판에서 증인석에 불려 나왔을 때 의치가 없어서 증언을 할 수 없으니 말을 할 수 있도록 자신의 의치를 법정으로 갖다 달라고 했다. 그러나 교도관들이 이 요구를 들어주었음에도 불구하고 믈라디치는 전쟁 중 일어난 일에 관해 자신이 아는 것을 이야기하지 않았다. 대신 다음과 같은 말로 법관들을 공격하기 시작했다. "나는 헤이그 법정을 인정하지 않는다. 이것은 나토가 만든 것이고 사탄의 법정이지 정의의 법정이 아니다. …… 이곳은 우리가 우리 민족을 당신들로부터 보호했다는 이유로 우리를 재판하고 있다."[29]

물라디치의 변호사 브란코 루키치는 어쨌거나 자신의 나이든 의뢰인은 "기억의 기만"이라고 알려진 증후군을 앓고 있어서 사건들에 대한 회상이 일관되지 않기 때문에 법정에 별 도움이 안될 거라는 주장으로 상황을 타개하려 했다. 루키치에 따르면 이런 "범주의 기억 장애"는 "진실을 말하지 않으면서도 진실을 말하기 때문에 진실과 사실의 차이를 구별할 수 없는 상태"를 말한다.[30] 루키치는 기억 장애를 내세우면서 이런 식으로 그 의미에 혼선을 주어 의뢰인이 전쟁에서 실제로 벌어진 일을 드러내야 하는 상황을 피하게 하려 했다.

슬로보단 밀로셰비치는 재판이 끝나기 전에 헤이그의 교도소에서 죽었고, 물라디치는 2017년에 그에게 제기된 혐의 열한 가지 가운데 스레브레니차의 집단 학살을 포함한 열 가지에 대해 유죄가 인정되어 무기징역형을 선고받았다. 법정에서 평결을 선고할 때 방청석에는 물라디치의 범죄 피해자들의 유족들이 다수 자리하고 있었다. 그들 가운데는 스레브레니차 학살에서 남편과 아들, 아버지를 모두 잃은 네드치바 살리호비치도 있었다. 1995년 투즐라에서 론 하비브가 그녀의 사진을 찍었는데, 당시 그녀는 포위당한 스레브레니차에서 간신히 빠져나온 난민 수천 명과 함께 막 그곳에 도착한 참이었다. 난민 대부분은 여성들이었다. 하비브의 사

1995년, 스레브레니차 학살에서 남편과 아들, 아버지를 모두 잃은 네드치바 살리호비치(위)와 2017년, 학살의 주범 믈라디치가 법정에서 무기징역형을 선고받는 순간의 살리호비치(아래)(사진: 론 하비브).

진에서 살리호비치는 유엔 병사 뒤에 서서 괴로운 표정으로 도움을 청하듯 하늘을 향해 두 팔을 벌리고 있었다. 그로부터 20년 이상이 흘러 플라디치의 재판에서 평결을 들었을 때 살리호비치는 자리에서 벌떡 일어나 다시 두 팔을 벌렸는데, 이번에는 진실이 마침내 발견되고 정의가 이루어졌다는 사실 때문에 기쁨에 겨워 소리를 지르고 있었다.[31]

세인트루이스의 일부 난민도 플라디치의 범죄에 대해 유죄가 인정되었다는 것을 알았을 때 그녀와 똑같이 기뻐했겠지만 다수는 그의 재판이 끝나도 삶에 별 변화가 없었다. 리틀 보스니아의 사람들에게 과거는 그냥 그들의 기억 속에만 머물러 있는 것이 아니다. 그들이 공간을 꾸미는 방식, 그들의 작은 가게와 레스토랑 등 모든 것이 그들에게 과거의 시간을 일깨운다. 세인트루이스에서 보낸 마지막 날 나는 보스니아 식료품점을 찾았는데 그곳에는 구유고슬라비아 공화국들에서 나온 농작물이 가득했다. 선반에는 슬로베니아 주스와 광천수가 크로아티아 생선 통조림과 함께 놓여 있었고, 세르비아 콩이 보스니아 커피와 과자 옆에 있었다. 카운터 뒤에는 군복을 말끔하게 입고 훈장까지 단 죽은 대통령 요시프 브로즈 티토의 커다란 사진이 걸려 있었다. 가게는 동화에 나오는 환상의 공간 — 음식을 통해 표현된 구유고슬라비아 공화국들의 조화로운 재결합 — 처럼 보였다. 그러나 이 음식과 음료들은 모두 아주 오래전 누가 남겨 두고 간 것인 양 이곳을 찾는 이는 아무도 없었다.

3

몸속의 비밀

유전자에 관한 지식과 무지

그리스 소설가 니코스 파나요토폴로스는 『의심의 유전자』에서 가까운 미래 사회를 상상하는데, 그 사회에서 과학자들은 예술적 재능을 결정하는 유전자를 발견한다.[1] 간단한 실험으로 사람들은 자신에게 유전적으로 창조적 예술가가 될 "표지"가 있는지 즉시 알 수 있다. 그 결과 예술 시장과 문단은 급속히 바뀐다. 창조적 유전자가 있는 시각 예술가나 작가는 성공을 거두고, 없는 경우는 점점 잊혀 간다. 많은 저명한 작가가 처음에는 검사를 받지 않으려 하지만 출판계에서 유전적으로 확인된 예술가의 작품만 출간하면서 점차 생각이 바뀐다. 젊은 예술가나 작가의 경우는 이야기가 다르다. 그들의 경우 해당 유전자가 있으면 무엇을 쓰든 권위 있는 출판사에서 책을 내주고 기성 화랑은 오직 예술 유전자가 있는 사람들만 뒤를 밀어준다. 고인이 된 예술가의 친척들은 오래전에 죽은 조부나 고모가 그 유전자를 갖고 있다는 실험 가능한 증거를 제공해 작품 가치를 높일 요량으로 무덤을 열기 시작한다. 책의 주요 등장인물인 늙은 작가는 검사를 거부하지만, 그렇게 하면 잊힐 운명이 될 수 있다는 것을 깨닫지 못한다. 그는 용감하게 자신이 내린 결정의 고통스러운 결과를 감내하며 의심을 찬양하는 글을 쓰기 시작한다. 작가는 임종을 앞두고 호기심에 굴복해 검사를 받지만, 결국 결과는 보지 않기로 마음먹고 의심을 그대로 유지한 채 죽는다. 독자는 늙은 작가에게 그 바람직한 유전자가 있다는 것을 알게 되지만, 그와 관계없이 불확실성과 무지의 삶에 대한 그의 헌신이 사회적 태도를 바꾸는 데 기여해 유전자 검사는 점차 힘을 잃게 된다.

이것은 유전학의 힘을 다룬 허구적 이야기다. 그러나 일상생활에서 우리는 유전자에 우리 몸의 진실을 드러낼 수 있는 비밀, 따라서 자신과 후손의 미래를 예측할 수 있는 비밀이 숨어 있고 우리는 그 비밀을 찾아내야 한다고 생각하는 경우가 많다. 유전학은 주체성에 대해 근본적으로 다시 생각하게 하는 길을 열었고, 그러면서 새로운 유형의 환상·불안·편집증이 생겨났다.

미래에 걸릴지도 모르는 병에 대해 알려 주는 유전자 검사가 있다면 무지를 선택하는 것이 차라리 낫지 않을까? 실제로 유전자 검사를 하는 많은 사람이 그 결과를 어떻게 처리할지 곤란해한다. 일부는 검사를 받은 것 자체를 후회하고, 일부는 장차 특정한 병이 생길 위험과 관련해 검사 결과가 정확히 무엇을 의미하는지 확정하려고 애를 쓰며, 일부는 이 검사 저 검사를 계속 받지만 여러 사기업에서 서로 다른 결과를 얻는 경우도 많아 자신들이 구하던 확실성을 얻지 못한다.

검사 결과가 처리되는 방식과 그것을 보게 되는 사람들에 관한 불안 또한 늘어난다. 국가의 감시에서부터 미래에 특정 의학적 문제가 생겨날 유전적 소인이 있다고 확인되어 보험 가입이 힘들거나 지나치게 높은 보험료를 내야 하는 사람들에 이르기까지 악용의 기회는 많다. 마찬가지로 범죄학 분야에서는 범죄를 저지르는 유전적 소인이 존재할지도 모른다는 생각 — 체사레 롬브로소의 작업에서 개진된, 어떤 사람들은 "범죄자로 태어난다"라는 19세기 관념과 비슷하다 — 을 둘러싼 많은 이론이 있다. 일각에서는 유전학을 이해하게 될수록 징벌적 판결이 줄어들 것이라고 기대하는 반면, 다른 일각에서는 유전적으로 반사회적 행동을 할 소인이 있을 가능성이 큰 사람들에 대한 새로운 형태의 사회적 통제가 생겨날지 모른다고 경고한다. 이 또한 새로운 지식을 어떻게 다룰 것인가의 문제다. 개인은 『의심의 유전자』의 작가처럼 무지 상태로 남는 쪽을 택할 수도 있지만, 사회적 수준에서 보자면 그것은 이미 늦었다 — 지니는 이미 램프에서 나왔다. 유전학이 우리 자신, 우리의 관계, 일에 관한 우리의 사고방식에 미치는 영향을 무시하는 것은 이제 불가능하다.

잘 알지만, 그러나……

2013년, 나는 DNA 발견 60주년을 기념해 케임브리지에서 열린 학회에 참석했다. 이 행사에는 주요 유전학자들은 물론 유전자 연구와 관련된 새로운 사업을 개척해 보려는 기업가들도 많이 와있었다. 이런 사업가들 가운데 한 명은 유전자 데이팅 앱 개발을 구상하고 있었다. 그는 곧 인간 유전자를 해독하는 비용이 아주 낮아질 것이고 그러면 컴퓨터 과학자들이 온라인 데이팅 앱의 프로필란에 개인의 유전정보를 링크할 수도 있을 것이라고 예측했다. 그는 나아가 모바일 데이팅 앱들 사이에 이 정보를 동기화해 첫 데이트 뒤 데이트 파트너, 잠재적인 짝, 잠재적인 자녀에게 생길 수 있는 유전병에 관한 정보를 얻을 수 있을 것이라고 상상했다.[2] 이 기업가에게 겨우 한 번 데이트를 하고 나서 이 모든 정보를 얻는 걸 사람들이 정말로 원할지 — 또는 얻을 권리가 있을지 — 묻자 그는 이런 정보가 "나쁜" 유전자를 가진 사람과 시간 낭비를 피하는 데 도움이 될 것이라고 답했다.

　　과거에는 사랑이 본질적으로 "눈 먼 것"으로 인식되어 사람들이 눈과 마음을 반쯤 닫고 사랑에 빠졌다면, 미래에는 너무 많이 보고 너무 많이 알려고 할 위험이 있을지도 모른다. 유전정보를 쉽게 이용할 수 있고 이것이 스마트폰의 알고리듬과 응용프로그램의 도움으로 쉽게 해석된다면 온갖 종류의 편집증과 불안이 우리의 낭만적 만남에 그림자를 드리울 것이다.

사람들이 불안에 사로잡혀 있을 때는 무지가 적어도 일시적으로는 효율적인 방어책이 되는 경우가 많다. 그러나 유전자 검사에서 나오는 정보를 무시할 수 있을까? 상업적인 상표가 붙은 유전자 검사의 결과가 제시하는 자료를 우리는 어떻게 다뤄야 할까? 같은 케임브리지 학회에서 한 유전학자는 상업적인 유전자 검사에 관한 불안을 드러냈다. 그는 합리적이고 과학적인 근거에서 그런 검사를 거부했지만, 유전학 산업에는 여전히 호기심을 느끼고 있었다. 그래서 한 회사에 자신의 타액 샘플을 보내 보기로 했다. 그들로부터 받을 것이라 예상되는 말도 안 되는 예측 결과를 조롱할 의도였다. 검사 결과가 도착하고 처음에는 자신에게 앞으로 이런저런 병이 생길 위험이 있다는 평가를 읽으며 그는 재미있다고 생각했다. 그러나 결과 보고서 마지막에 자신의 유전자에 관해 추가 정보를 받을지 말지 선택하라는 제안을 받고 태도가 변했다. 과학자는 이 선택에 불안을 느꼈다. 상업적인 유전자 검사를 믿지는 않았지만 그 보고서가 담고 있다고 주장하는 정보의 성격에 대한 상상 때문에 그의 과학적 회의주의가 흔들린 것이다.

그런 불안한 마음으로 유전자 검사를 바라보면 과학이 유전자가 작동하는 방식에 관해 말해 주는 것들을 무시하게 된다. 특정 유전자와 연결된 소수의 경우를 제외하면 대부분의 병은 단순히 DNA를 통해 전달되지 않는다. 유전자와 환경적·사회적·문화적 요인들의 상호작용을 다루는 후생 유전학도 중요한 역할을 하지만 사람들이 유전자의 힘을 생각할 때는 종종 무시된다. 그 결과 부모로부터 우리에게 또 우리를 통해 자식에게 전해진다고 여겨지는 것을 둘러싼 온갖 종류의 환상이 생겨난다.

내 아들이 초등학교에서 유전학을 처음 알게 되면서 어떤 병이나 질환 — 예를 들어 근시 — 이 유전된다는 것을 발견하고 놀라던 일이 기억난다. 아들은 나와 마찬가지로 근시이기 때문에 내가 자신을 갖기 전에 내 결함 있는 유전자를 고치지 않은 것을 몹시 아쉬워했다. 나는 테크놀로지가 아직 그런 개입을 할 수 있는 수준이 아니라고 설명하려 했다. 아들은 마침내 자신의 유전자 가운데 절반은 아버지에게서 온 것이고, 따라서 자신이 볼 때 아주 좋은 것들도 약간은 포함되어 있다는 사실을 생각해 내고는 마음을 가라앉혔다. 내가 어떤 유전자에 특히 만족하느냐고 묻자 아들은 대답했다. "너무 많은 친구를 사귀지 않는 유전자." 그 무렵 아들은 종종 내게 친구가 너무 많다며 싫어했다. 그는 집에서 혼자 놀고 싶은데도 사교 행사에 끌려다니는 것에 대한 자신의 불만을 유전자가 잘 설명해 준다고 생각했다.

부당 출생

2016년 캐나다의 세 가족이 미국 조지아주에 기반을 둔 정자은행과 그 캐나다 지사를 상대로 "부당 출생" 소송을 제기했다.[3] 그들은 정자은행이 한 기증자의 배경을 조사하지 못했고 그 결과 그의 정자를 산 사람들이 사기를 당했다고 주장했다. 이 가족들이 해당 기증자를 선택한 것은 그가 "최고 중에서도 최고"로 보였기 때문이다. 정자은행은 그 기증자가 지능지수가 160이고 국제적으로 칭송 받는 드럼 연주자이자 신경과학 엔지니어링 박사 학위를 준비 중이며 5개 국어를 구사하고 한 달에 너덧 권의 책을 읽는다고 광고했다. 이 기증자의 정자를 이용해 낳은 아이를 이미 건강하게 키우고 있던 한 캐나다 가족이 대행사로부터 전자우편을 한 통 받았는데, 거기에 우연히 그 남자의 신원이 드러나 있었다. 이 가족은 온라인 검색을 통해 기증자가 사실은 유죄판결을 받은 중범죄자에다가 조현병, 자기애성 성격장애, 과대망상 등 다양한 정신병 진단을 받은 사람이었다는 것을 알아냈다. 그는 특별히 지능지수가 높은 박사과정생이 아니라 사실은 학부 졸업장을 따는 데도 20년이 걸린 사람이었다.

이 기증자의 정액은 캐나다·미국·영국에서 아이 36명을 수

태하는 데 사용되었다. 사기 소식이 알려지자 많은 가족이 소송을 제기했다. 한 어머니는 아들이 그때까지는 아무런 정신병 징후를 보이지 않았다고 하면서도 사춘기 때 급격히 인생의 방향이 틀어질까 봐 걱정하고 있었다. 그녀는 기증자를 고르느라 넉 달 동안 조사를 했고, 이 회사를 선택한 것은 기증자들이 모두 건강과 성취 면에서 인구 상위 1퍼센트에 속한다고 주장했기 때문이라고 덧붙였다. 이 어머니를 비롯해 피해를 본 다른 가족들은 정자은행으로부터 금전적 보상을 받게 되면, 정기검진 비용과 추후 아이들의 정신 건강에 문제가 생길 경우 치료비로 그 돈을 사용할 계획이었다. 그러나 2018년 애틀랜타 법원은, 조지아주 법에서는 "부당 출생"이라는 말 자체가 성립하지 않는다는 이유로 정자은행에 대한 소송 세 건을 기각했다.[4]

정자은행이 기증자의 정보를 엉터리로 전달한 것은 분명히 사기지만, 관련된 아이들이 이 사건에서 어떤 영향을 받을 것인가 하는 문제도 중요하다.[5] 아이가 자신이 수태된 정황을 알게 될 경우, 어머니가 똑똑한 자식을 기대하며 지능이 높은 아버지를 선택하려 했으나 실은 속임수에 빠져 전과에 정신병까지 있는 자의 유전자를 자신이 가지게 되었다는 것도 알게 될 것이다. 나는 이 가족이 애초에 기증자의 이름이 드러난 전자우편을 처음 받았을 때 의도적인 무지를 택하는 쪽 — 인터넷에서 조사해 보고 싶은 유혹을 뿌리치고 생식은 기본적으로 우리가 알지 못하는 것과 연결되어 있다는 현실을 받아들이는 것 — 이 더 낫지 않았을까 생각해 본다. 성적 파트너와 아이를 가질 때 둘의 유전자 결합이 어떤 새로운 인간을 낳을지 예측하는 것은 불가능하다는 걸 여성들은 알아야 한다. 또 정자 기증을 통해 아이를 가진다 해도 기증자의 특질이나 과거의 성공이 아이에게 똑같은 결과를 가져다주리라고는 절대 보장할 수 없다.

"부당 출생"이라는 표현 자체가 "부당한" 정자나 "부당한" 이식 난자로 수태된 아이에게 많은 문제를 일으킬 수 있다. 아이들은 자신이 부모가 원하는 존재였는가 질문하는 단계를 거치며 흔히 부모가 다른 성性이나 다른 자질을 가진 자식을 원했던 것은 아닌가 하는 의문을 품을 수 있기 때문이다.

"나는 누구인가?"라는 질문 — 이 질문은 의미 있는 타자(특히 부모)가 내게 바라는 것에 초점을 맞추는 경우가 많다 — 은 어른이 되어서도 오래 계속된다. 정신분석은 이 질문에 대한 만족스러운 답을 얻는 것이 불가능한 상황을 폭넓게 다루어 왔다. 주체는 부모나 타인의 말과 행동을 해석하고, 행간을 읽으며, 결국 결코 만족스럽지 못한, 환상에 입각한 답을 만들어 낼 뿐이다. 자신이 "부당하게" 태어났다는 것을 알게 된 아이에게는 어떤 환상이나 불안이 생기게 될까? 어떤 아이는 정자 기증자에 관한 "진실"

을 찾아낸 부모에게 화를 낼지도 모른다. 왜냐하면 그 진실이 애초에 부모가 자식을 바라보던 방식이나 기대를 바꿔 놓았을 테니 말이다. "부당하게 태어난" 아이는 나중에 자신의 삶에서 어떤 심리적 장애를 맞닥뜨릴 때 그것을 정신병이나 기증자의 유전자로부터 물려받은 인격 특질이 드러나는 신호로 인식할 수도 있다. 또 부모는 아이가 말을 안 듣는 것을 자신들의 통제나 책임을 넘어선, 유전적 영향을 받은 비행非行의 표시로 받아들일 수도 있다.

자신이 "부당한" 정자에서 태어났다는 사실을 알게 되면 아이는 어떤 느낌일까 하는 문제는, 자신들의 요청과는 달리 백인이 아니라 흑인 기증자의 정자를 보내 주었다는 이유로 정자은행을 고소한 백인 레즈비언 커플 사례를 통해서도 살펴볼 수 있다. 이 커플은 자신들과 비슷한 유전적 특질을 가진 기증자를 원했기 때문에 신중하게 기증자의 이력을 살펴본 뒤 한 사람을 골랐다. 커플 가운데 한 사람이 수태를 했지만 정자가 바뀐 것을 알게 되면서 그들의 기쁨은 바로 악몽으로 바뀌었다. "제니퍼와 어맨다는 아기의 아버지를 결정하기 위해 고심해서 계획을 세우고 주의를 기울였지만 의미 없는 일이 되고 말았다. 임신을 한 제니퍼의 흥분과 기대감은 순식간에 분노와 실망과 공포로 바뀌었다."[6]

이 커플은 딸이 태어난 뒤 정자은행 때문에 계획에 없던 이인종異人種 부모 자식 관계가 생기면서 자신들이 어쩔 수 없이 인종적·문화적으로 더 다양해진 상황에 처하게 되었다고 비난했다. 그들은 법정에서 딸을 사랑한다고 주장하면서도 인종이 섞인 자식을 기르는 어려운 일을 감당할 준비는 되어 있지 않다고 말했다. 커플 가운데 한 명은 자신이 아프리카계 미국인을 감당할 "문화적 역량"이 부족하다고 강조했으며 딸이 자신의 출생 상황 때문에 낙인이 찍혔다는 느낌을 받는 것을 바라지 않는다고 덧붙였다.

딸이 이해할 만한 나이가 되었을 때 이 소송에 관해 알게 되면 어떤 기분일 것 같으냐고 묻자 그들은 말했다. "아이는 이 소송이 잘못을 바로잡아야 하는 쪽, 우리가 서로 더 사랑하는 법을 배울 수 있도록 상담 비용을 배상해 줘야 하는 회사를 상대로 한 것이었음을 알게 될 것이다."[7] 법원은 소송을 기각했지만 정자은행은 그와 관계없이 부모에게 정자 비용 가운데 일부를 돌려주었다.

"부당 출생"과 관련된 두 소송에서 부모들은 모두 마치 아이가 잘못될 것을 당연시하면서 정자은행이 지불하는 돈이 아이의 치료비로 쓰일 것이라고 주장했다. 이 부모들은 특정 인종의, 지능지수가 높은 "완벽한" 기증자를 고르면 태어날 아이의 "바람직한" 생물학적 특징을 미리 정해 줄 수 있다고 가정했던 것 같다. 정자은행 카탈로그에 기술된 내용과 유전적 선택의 힘을 그대로 믿어 버린 셈이다. 그러나 아이에게 "부당한" 유전자가 있다는 사실로 인한 불안을 겪으면서 갑자기 생물학에 대한 믿음을 잃고

"부당 출생"이 준 피해를 정신과 치료를 통해 복구할 수 있기를 바라게 된 것으로 보인다.

몸의 비밀

과학이 유전자가 아주 중요하다고 가르쳐 주었기 때문에 어떤 사람들은 자신의 유전자를 "보거나" 이해하는 것이 필수적이라고 생각한다. 그러나 유전자에 관해서는 너무 많은 것이 미지의 상태 ─ 어떻게 생겼는지, 어떻게 작동하는지 ─ 이기 때문에 우리가 유전자로 그리려고 하는 그림은 생물학의 발견보다는 무지와 상상의 영역에 더 의존하고 있다. 다시 말해, 그런 그림은 실험실의 최신 연구 성과보다는 우리의 개인적 정신 상태를 더 정확하게 반영한다.

　실험과학이 우리에게 가르쳐 준 그 모든 것에도 불구하고 사람들은 자신의 몸을 아리스토텔레스가 "형상"morphe이라고 부른 것과 관련해 이해하는 경향이 있다.[8] 사람들은 자신의 몸 상태에 관해 생각할 때 신체적 조건이, 기저를 이루는 형상, 즉 미리 규정된 상태의 지배와 통제를 받는다고 생각한다. 따라서 아리스토텔레스가 보듯이 이 기저를 이루는 형상이 사람들의 신체 상태를 설명하는 "제일원인"이 된다.

이제 우리의 유전자는 몸의 형상이라는 이런 관념과 얽히게 되었다. 우리 마음속에서 유전자는 우리가 누구인지 이해하는 출발점이 되는 제일원인 가운데 큰 부분을 차지한다. 유전자를 "원인"으로 생각하는 것은 우리 부모와 가족을 바라보는 방식에도 영향을 준다 — 애초에 우리가 그들과 유전자를 나누어 가졌기 때문이다. J. 앨런 홉슨은 뇌졸중을 겪은 뒤 회고록을 쓰면서 자신의 유전자가 자기 앞에 "홉슨의 선택"이란 걸 제시했다고 이야기한다. 자신에게 유전적으로 할당된 양자택일적 운명은 어머니 가계의 알츠하이머병이거나 아버지 가계의 심혈관 질환이라는 것이다.[9]

홉슨은 뇌졸중을 겪은 뒤 동맥류 때문에 자신의 일부가 죽었다고 생각했다. 모든 신체 지표가 회복을 나타내는데도 그는 속으로 점점 나빠진다고 느꼈다. 홉슨은 이런 불편을 의사에게 이야기하다가, 의사가 뇌졸중 후유증이라는 자신의 주관적 경험을 완전히 무시하고 건강이 괜찮다는 결과를 보여 주는 자료만 보고 있다고 느꼈다. 이때 겪은 고통 때문에 그는 자신의 환자들에게 미안한 마음을 갖게 되었다. 과거에 그도 환자가 괜찮다거나 치료를 잘 따라오고 있다고 차트에 나와 있으면 환자가 토로하는 고통은 무시하곤 했기 때문이다.

홉슨은 두 번째 뇌졸중을 겪은 뒤 아버지의 유전자가, 짐작

컨대, 예전에 아버지에게 말을 걸었던 것처럼 이제 자신에게 말을 거는 것은 아닌가 싶었다. 그는 물려받은 유전자가 자신에게 병을 일으킨다고 느끼자 새로운 방식으로 아버지와 연결되어 있다는 생각이 들었다. 이 두 번째 뇌졸중 뒤 홉슨이 임상적으로 회복하는 과정은 아버지와의 관계를 풀어 나가는 심리적 과정 — 또는 심리 치료 과정 — 과 매우 흡사했다.

죽음에 대한 불안은 부모로부터 자식에게 전해진 유전자에 관한 질문의 형태를 띨 수도 있지만, 부모가 죽은 특정 나이에 대한 집착으로 나타날 수도 있다. 예를 들어 어떤 러시아 남성은 이상한 호흡곤란을 겪기 시작했는데 한번은 길에서 기절했다.[10] 의사는 그런 증상의 신체적 원인을 찾을 수 없었고 결국 그는 정신과에 가게 되었다. 그곳의 상담 심리학자는 남자의 가족 환경에 관해 물었고 그의 아버지가 서른아홉에 자살했다는 것을 알게 되었다. 심리학자는 환자의 나이가 서른여덟이라는 것도 알게 되었다. 환자와 이야기하는 과정에서 결국 아버지와 같은 시기에 죽는 것에 대한 불안이 이 환자가 숨을 쉬지 못하는 증상에서 중요한 역할을 했다는 게 분명해졌다.

캘빈 칼러루소도 비슷한 사례를 이야기한다. 이 사례에서 B 씨는 죽음에 대한 심한 불안 때문에 정신분석에서 도움을 얻으려 했다.[11] 이 불안은 그가 마흔아홉 살이 되면서 극심해졌다. 그의 아버지가 쉰 살이 되기 열흘 전에 죽었기 때문이다. 아버지가 죽으면서 가족은 갑자기 가난해졌다. 성인이 된 B씨는 "가족을 철벽 방어"하기 위해 성공적인 경력을 쌓으려 노력했다. 그래야 자신이 죽어도 아버지가 갑자기 죽었을 때처럼 가족이 가난을 겪지 않을 거라 생각했기 때문이다.

B씨가 마흔아홉이 되었을 때 주치의는 그의 테스토스테론 수치가 현저히 낮아진 것을 알고 이것이 우울의 원인일 수도 있다고 생각했다. B씨는 항우울제 처방을 받았지만 도움이 되지 않는 것 같았다. 그러다 B씨가 쉰이 되던 무시무시한 날 어머니가 갑자기 의식을 잃더니 이틀 뒤에 죽었다. 이 고통스러운 사건 뒤 B씨는 어린 시절 자신이 아버지가 죽기를 바랐고 아버지가 실제로 때이른 죽음을 맞아 자신의 소망이 실현되었을 때 얼마나 두려웠는지 기억하게 되었다. 그러나 분석의 어느 단계에서 그는 말했다. "이제 나는 그를 단지 아버지가 아니라 한 인간으로 보게 된다." 그 이후 B씨는 항우울제를 서서히 끊었고 기분도 나아지기 시작했다. 테스토스테론 수준도 정상으로 돌아와 의사는 깜짝 놀랐다.

B씨는 쉰 살 생일 한 해 전에, 말하자면 "모든 것을 폐쇄하기" 시작했으며 테스토스테론 수치의 하락은 그의 죽음 "준비"를 나타내는 신체적 징후였다. 정신분석가는 테스토스테론의 변화를 스스로가 부과한 특이한 형태의 "호르몬적 거세"로 받아들였

으며, 이것은 아버지를 죽이고 그 자리를 차지하고 싶다는 B씨의 유아기 소망과 관계가 있다고 보았다. 그러나 어머니의 죽음이 B씨의 불안을 제거하는 데 어떤 역할을 했는지도 생각해 봐야 한다. 어찌 보면 그녀는 B씨 대신 죽은 게 아닐까? 그녀의 죽음이 그가 어린 시절 키웠던 근친상간적 소망과 관련해 뭔가를 바꿔 놓았을까?

홉슨이 아버지의 유전자를 자신의 죽을 운명을 알리는 목소리로 들었다면, B씨에게 죽음의 예고자는 쉰이라는 숫자였다. 두 경우 모두 죽음에 대한 공포는 불안의 대상에 고착되었다. 첫 번째 경우는 유전자가 생명을 통제한다는 관념이었고, 두 번째 경우는 어떤 나이에 도달한다는 전망이었다. 여기서 중요한 점은, 유전적 유산에 대한 홉슨의 불안이 쉰 살 생일에 대한 B씨의 깊은 걱정보다 더도 덜도 "과학적"이지 않다는 것이다. 두 사람 모두 불안의 대상을 자신이 처한 상태의 제일원인으로 보았다.

정신분석과 유전학

사람들은 현재의 병 때문이 아니라 장차 병에 걸릴 위험이 있다는 두려움 때문에 유전학자를 찾는 일이 많다. 정신분석가 앙드레 레만은 유방암에 걸릴 위험 때문에 유전학자를 찾는 여성들은 그전부터 자신의 미래를 걱정하거나 유전자의 유래와 전달 가능성을 걱정해 온 경우가 많다는 사실을 발견했다. 그들은 보통 의심과 불확실성에 가득 차있으며, 따라서 이미 불안에 사로잡혀 있다. 유전과 관련된 유방암이 생길 위험은 없다는 사실을 통보받았을 때 이들 가운데 일부는 만족해 안도의 감정을 표현하고 감사의 마음을 전하면서 예방을 위해 권고 사항을 따르겠다고 했다. 그러나 일부는 전보다 더는 아니라 해도 전과 마찬가지로 불안해하는 것 같았다. 그들은 검사를 더 요구하거나 앞으로 암에 걸릴지 모른다고 걱정되는 다른 신체 기관으로 관심을 돌리곤 했다.[12]

유전적 소인 검사를 받겠다는 결정은 가족에게 곤혹스러운 일이 될 수 있다. 예를 들어 영화 〈스틸 앨리스〉에서 야심만만한 중년의 언어학 교수 앨리스(줄리앤 무어 분)는 갑자기 기억을 잃기 시작한다. 신경과 의사는 유전적 이유로 알츠하이머병이 일찍 시작됐다고 진단한다. 앨리스는 장성한 자식들에게 자신의 병에 관해 털어놓으며 그들이 문제의 유전자를 물려받았을 위험도 알린다. 자식들은 검사를 받으라는 권유를 받지만 동시에 어머니로부터 병의 소인을 물려받았는지 아는 게 꼭 좋은 일은 아닐 수 있다는 말도 듣는다. 이제 막 가족을 이룬 장녀는 자신이 미래의 자식들에게 그 유전자를 전하게 될지 알고 싶어 검사를 받기로 한다.

또 검사에서 소인이 발견된다 해도 의학이 조기에 개입해 병의 진전을 멈출 방법을 곧 찾아낼 것이라는 희망도 품는다. 그녀의 검사 결과는 양성이지만 그녀가 나중에 낳은 쌍둥이는 문제가 없어 보인다. 그녀의 남동생은 음성이다. 배우 지망생 막내딸 리디아는 검사를 받지 않기로 하는데, 결국은 그녀가 아픈 어머니를 돌보게 된다. 영화는 리디아가 유전자에 관해 의도적 무지를 택한 이유를 설명하지 않지만, 가족 가운데 그녀가 어머니에게 관심과 동정심이 가장 크다는 점은 분명히 보여 준다.

어떤 사람들은 유전정보에 대처하는 것을 힘들어 한다. 이해는 해도 받아들이지 못할 수도 있다. 앎을 통해 지적인 이해에 도달할 순 있을지라도 기존의 불안이나 믿음을 억누르지는 못할 수도 있다. 암에 대한 불안을 가진 사람들을 상담한 정신분석가들의 관찰에 따르면, 암은 신체적·정신적 쇠퇴에 대한 환상뿐만 아니라 버림받고 상실할지 모른다는 환상을 불러일으킬 수 있다. 이런 환상은 더 큰 가족 집단 내에서 암이 인식되는 방식과 연결될 수 있다. 어떤 사람들은 유전자 검사를 받고 가족 관계를 전면 재검토하면서 가족을 혼란에 빠뜨릴 수 있다. 갑자기 과거의 사건이나 특정한 가족 내 믿음을 기억해 내기도 하며, 또 어떤 사람들은 이전에 방치했던 가족 전통과 싸우기도 한다. 젊은 세대는 자신이 물려받은 유전자에 분노할 수도 있고 나이 든 세대는 나쁜 것을 후손에게 물려준 데 죄책감을 느낄 수도 있다.

어떤 사람들은 중요한 유전정보를 노골적으로 무시하는 전략을 개발하지만, 또 어떤 사람들은 지식을 흡수해 필요한 인지적 조정을 하면서도 그것이 고정되고 확실하고 결정적인 것이라고 보지는 않는다. 문제는 유전자에 대한 지식이 확실한 것이라고 인식할 때, 또 유전정보가 제시되는 통계적 확률의 언어를 완전히 신봉할 때 일어난다.

의사가 곤혹스러운 정보를 제시하는 방식은 환자의 불안에 영향을 미친다. 하지만 환자가 이 정보를 듣는 방식, 환자가 그 정보에 귀를 기울이느냐 아니냐 하는 점 또한 환자의 반응에 차이를 가져온다.[13] 그러나 환자에게 무지를 선택할 권리가 있느냐 하는 것은 여전히 문제다. 건강에 관한 소식이 만약 나쁜 소식이라면 알고 싶지 않다고 의사에게 사전에 알릴 수 있을까? 알지 않을 권리에 관한 논의도 유전학 영역에서 윤리적 연구의 한 부분을 이룬다. 어떤 경우에는 사람들이 유전자 검사를 받지 않거나 결과를 알지 않겠다고 할 수도 있고, 어떤 경우에는 자신의 유전자에 관한 지식을 이른바 부수적 발견을 통해 자기도 모르게 얻게 될 수도 있다.[14] 예를 들어 과학적 연구에 참여하겠다고 동의했을 경우 연구에서 나오는 예기치 않은 결과에 관해 알지 않는 쪽을 선택하기는 쉽지 않다. 윤리적 문제는 어떤 사람이 부수적 발견에 관해 알고 싶지 않다는 말을 미리 연구자에게 할 수 있느냐 하는 것이다. 우연히 발견된 질병을 치료할 수도 있는 상황에서 의사는 이 약속을 지켜야 할까? 유전학자들은 또 가족 간에 유전적 관계가 없다는 사실을 우연히 발견했을 때 이 지식을 전달해야 하는가 같은 딜레마도 감당해야 한다. 가족 자원자들이 어떤 유전적 연구에 참여했을 때 유전학자가 부모와 자식이 유전적으로 관련이 없다는 것을 발견하면서 결국 자식이 태어났을 때 병원에서 아이가 바뀌었다는 사실이 드러난다면 어떨까? 추가 검사에서 이 자원자들 사이에 유전적으로 전달되는 병이 발견되지 않는다면 유전학자는 이야기하지 않는 쪽을 택할 수도 있다. 그러나 그런 병을 발견한다면 유전학자는 그 병뿐만 아니라 그들이 유전적으로 관계가 없다는 사실을 알려야 한다는 압박을 받을 것이다.

유전자와 범죄

지금까지 보았듯이 어떤 사람들에게 자신의 유전자 정보는 의심이나 불안과 연결되고, 어떤 사람들에게는 확신을 갖게 한다 ─ 예를 들어, 왜 어떤 병에 걸렸는가만이 아니라 왜 어떤 특정한 방식으로 행동했는가에 대한 답을 준다. 법의 영역에서 지난 10년간 유전학은 책임과 처벌뿐만 아니라 결정론과 자유의지에 관한 논의에서도 중요한 역할을 했다.

요즘 일부 재판에서는 유전학 전문가를 증인으로 불러 어떤 사람이 범죄 행동을 저지를 유전적 소인을 지녔을 가능성이 있다고 증언하도록 하기도 한다. 2009년 이탈리아 트리에스테에서 열린 알제리 국적의 아브델말레크 바이우트 재판이 그런 예다.[15] 바이우트는 자신이 종교적 이유로 눈 화장을 한 것을 조롱한 월터 펠리페 노보아 페레스를 죽인 혐의로 기소되었다. 바이우트는 정신병 진단을 받았으며, 이 진단은 그가 9년 2개월 징역형을 선고받을 때 감경 요인으로 고려되었다. 바이우트는 항소했고 상고심에서 유전학 전문가는 피고가 강력 범죄를 저지른 것이 유전적으로 미리 결정된 일일 수도 있다고 증언했다. 전문가는 세로토닌과 도파민 등의 신경전달물질을 제어하는 MAOA 유전자에 일어난 변화를 근거로 댔다. 전문가는 이 유전자의 기능 부전과 폭력적 성향을 연결 짓는 연구들을 언급하며 유전자가 바이우트의 행동에서 어떤 역할을 했을 수 있다고 결론 내렸다.[16] 법원은 이 주장을 받아들여 피고의 형량을 줄였다.

지난 수십 년간 범죄 행동을 일으키는 유전적 소인이 있다고 암시하는 연구들을 둘러싸고 큰 논란이 있었다. 본성과 양육의 관계에 대한 오랜 논란이 후생 유전학의 맥락에서 다시 등장했으며,

이제 초점은 유전자 분석으로부터 환경이 유전자 발현에 영향을 미치는 방식에 대한 분석으로 이동했다.

미국에서는 폭력이 유전적으로 결정될 수도 있다는 의견이 법정 심리학자 에이드리언 레인의 책 『폭력의 해부』가 나온 이후 힘을 얻었다.[17] 레인은 폭력의 유전적 소인의 예로 제프리 랜드리건의 사례를 든다. 그는 두 건의 살인으로 사형선고를 받았고 그의 생부도 비슷한 범죄로 똑같은 판결을 받았다.

랜드리건의 사례는 한 집안 내의 폭력과 범죄의 충격적인 역사를 보여 준다. 랜드리건의 증조부는 주류 밀매자였다. 그의 아들인, 랜드리건의 조부는 은행을 털다가 경찰과 총격전을 벌인 끝에 사망했고, 이 총격전을 목격한 그의 아들 대럴 힐도 나중에 범죄자가 되었다. 그는 살인을 두 건 저지르고 사형선고를 받았다. 힐에게는 빌리라는 아들이 있었는데 힐은 빌리를 아기 때밖에 보지 못했다. 빌리가 여섯 달이 되자 어머니는 그를 탁아소에 맡기고 사라졌다.[18] 빌리는 그 후 입양되었는데, 어떤 주장에 따르면 이 집에서는 그를 잘 돌보고 사랑해 주었고, 어떤 주장에 따르면 그의 양모는 알코올중독자에 아이에게 종종 공격적인 태도를 드러내는 사람이었다. 빌리를 입양한 가족은 아이의 이름을 제프리로 바꾸었다. 랜드리건은 어렸을 때부터 마약과 알코올 문제가 있었고 비행 청소년을 수용하는 여러 시설을 전전했다. 성인이 된 랜드리건은 생부 대럴 힐과 마찬가지로 두 사람을 죽였고 똑같이 사형선고를 받았다.

힐은 사형수 감옥에서 생물학적 아들에 관해 이렇게 말했다. "누가 봐도 그(제프리 랜드리건)가 자신의 운명을 완성하고 있다는 데 의심을 가질 수 없을 거라 생각한다. …… 그 애가 생길 당시 내가 바로 그런 사람이었다. …… 마지막으로 봤을 때 그는 침대에 누운 아기였으며 나는 아기 침대 밑에 38구경 권총과 데메롤을 보관했다. 아이는 그 위에서 잤다."[19]

레인은 결론 내린다. "총과 마약을 아기의 베개 밑에 둔 것이 다가올 일의 전조가 되었다. 부전자전이었다 ─ 폭력이든 마약이든 알코올이든. 랜드리건은 자기 인생에서 그저 친부의 죄들을 행동으로 옮긴 것처럼 보였다."[20] 레인이 보기에, 랜드리건이 입양되었고 (레인 자신이 설명하듯이) 사랑을 받았다 해도, 그것은 유전자 구성이 생물학적으로 결정해 놓은 것을 바꿀 수 없었다.

그러나 랜드리건의 이야기는 다른 식으로도 해석될 수 있다. 첫째로 그의 어머니가 임신 기간 내내 약물을 남용한 결과 뇌에 손상을 입었을 가능성이 있다. 이는 랜드리건이 1990년 재판에서 사형선고를 받았을 당시 법정 지정 변호인이 그를 효과적으로 대리했는가의 문제를 검토하기 위해 열린, 2007년 대법원의 랜드리건 사건 판결에서도 언급되었다. 왜냐하면 당시 랜드리건은 변호사가 자신의 변호에서 형량을 감경하는 데 참작할 만한 상황을 이용하는 것도 허락하지 않았으며 전 부인과 어머니가 자신을 위해 증언하는 것도 거부했기 때문이다.[21] 사건이 대법원에 이르렀을 때 판사 다수는 랜드리건의 유죄판결을 유지했지만 판사 네 명이 반대 의견을 냈으며, 그들의 논의에서 범죄의 심리학적 구성 요소만이 아니라 생물학적 구성 요소의 문제가 부각되었다. 존 폴 스티븐스 판사는 대법원에서 반대 의견을 낸 네 명을 대표해 만일 랜드리건에 대한 심리 평가가 이루어졌다면 "심각한 유기적 뇌장애가 드러났을" 것이라며 랜드리건의 변호인이 그것을 요구하지 않은 것을 강하게 책망했다. 판사는 피고를 낳은 어머니가 임신 당시 술과 마약을 복용한 결과를 살피기 위해 전문가에게 자문을 구하지 않은 것을 두고도 변호인을 비판했다. 나아가 랜드리건이 입양 가족 내에서 보낸 문제 많은 유년기에서부터 그 결과 나타난 "신체적·감정적 학대, 양부모의 방기, 그 자신의 약물 남용 문제[,] …… 비정상적 교육, 약물 남용 치료 시설과 정신병동, 경찰소 유치장을 오가는 일들로 점철"된 소년기까지의 내력을 변호인이 제시하지 않은 점을 지적했다.[22] 이 의견은 유전자와 환경적 요인 사이의 상호작용도 강조한 것이다.

　　그러나 정신분석적 접근이라면 랜드리건이 심리적으로 아버지와 동일시한 것에만 초점을 맞추지 그들의 유전적 연결에는 초점을 맞추지 않을 것이다. 여러 이야기에서 랜드리건은 생부 대럴 힐을 찾고자 오랫동안 노력했으며 결국 첫 번째 살인을 저지르고 나서 얼마 지나지 않아 찾아낸 것으로 알려져 있다. 스무 살이던 랜드리건은 막 출소해 결혼했고 곧 아버지가 될 것임을 알게 된다. 어느 날 그는 어린 시절 친구 그렉 브라운과 술을 마시러 갔는데, 브라운은 그가 아직 태어나지 않은 아이의 대부가 되어 달라고 부탁한 사람이었다. 그러나 브라운이 랜드리건을 "펑크"라고 부르면서 둘 사이에 말싸움이 벌어졌고 랜드리건은 그를 칼로 찔러 죽였다.

랜드리건은 무기징역형을 받았지만 항소해 징역 20년으로 감형되었다.[23] 이때 함께 복역하던 수감자가 전에 있던 교도소에서 랜드리건과 비슷하게 생긴 사람을 만난 적이 있다고 말했다. 랜드리건은 그 사람과 접촉한 끝에 그가 자신의 생부 힐이라는 것을 알게 되었다. 이렇게 랜드리건은 범죄를 저질러 감옥에 간 뒤 아버지를 찾게 되었고 두 사람은 다른 감옥에서 복역하면서 편지를 주고받기 시작했다.

랜드리건은 자신이 아버지의 뒤를 따르게 될 것이라는 사람들의 예상을 느꼈을지도 모른다. 입양된 가족이나 학교에서는 그가 범죄자의 아들이라는 사실이 잘 알려져 있었기 때문이다. 또 랜드리건이 아주 어렸을 때 이미 법을 어기는 것과 관련된 불안에 사로잡혀 있었다는 사실도 무시하지 말아야 한다. 아버지가 38구경 권총과 데메롤을 아기의 매트리스 밑에 감추었다는 사실은 아이의 발달에 큰 영향을 미쳤을 수도 있다. 아이들은 자신을 돌보는 사람들로부터 아주 다양한 방식으로 직접적인 영향을 받을 수 있다. 그들은 무의식적으로 자신을 돌보는 사람이 겪는 불안을 눈치채고 그것을 떠안을 수 있다. 두 살짜리라도 자신의 매트리스 밑에 총을 놓는 어른이 안전하지 않다는 걸 알 수 있고 어른의 불안은 아이 자신의 두려움이 될 수 있다. 더욱이 이 이야기에서 총은 아이에 대한 돌봄이 근본적으로 결여된 상태를 의미하기 때문에 여기에도 똑같이 관심을 기울여야 한다. 사이코패스적 성격 특질은 유년에 겪은 뇌 손상**과 더불어** 발달의 공생적 단계에서 유아와 상호작용하지 못하고 관심을 보여 주지 못한 보호자의 만성적 방치에서도 원인을 찾을 수 있다.

"아버지"라는 말은 랜드리건의 이야기에서 핵심적 역할을 한다. 그는 아버지가 막 되려던 참에 첫 번째 살인을 했고, 또 아이의 대부가 되려던 사람을 죽였다. 이런 사실들은 이 범죄를 정신분석적으로 이해하는 데 중요한 요소가 될 수 있다. 랜드리건은 어린 시절 생부를 찾느라 많은 시간을 보냈으며, 그 자신이 아버지가 되는 상황은 그에게서 뭔가를 촉발해 대부라는 상징적 아버지 역할을 떠맡을 예정이던 사람을 향한 폭력으로 분출되었을 수도 있다.

힐 또한 오래전부터 죽은 아버지의 생각에 시달리고 있었다. 그는 아버지가 경찰의 총에 맞아 죽는 것을 보았는데, 그 아버지가 종종 힐의 환각 속에 나타나곤 했다. 그는 어릴 적부터 죽임을 당할 운명을 피할 수 없다고 말하는 아버지의 목소리를 들었는데, 그것이 그가 먼저 살인을 해야 하는 이유가 되었다. 이 부자에게 공통되는 또 하나의 집착은 동성애적 충동이었을 수도 있다. 힐은 랜드리건과 마찬가지로 감옥에서 누가 "핑크"라고 부르자 격분했다. 힐은 모욕을 당하고 나서 그 남자를 찔러 죽였는데 나중에 그가 성적으로 접근해 와서 자기방어를 위해 한 행동이라고 주장했다.

랜드리건은 복역 당시 살인죄에도 불구하고 보안이 최소 수준인 작업반에 배치된 덕분에 감옥에서 탈출할 수 있었다. 밖으로 나와 그가 가장 하고 싶었던 일은 생모를 찾는 것이었는데, 생모는 애리조나주 유마에 살고 있었다. 랜드리건은 유마로 가는 길에 피닉스에 들러 체스터 다이어라는 남자를 만났다. 그는 헬스클럽에서 일하며 남자를 꾀어 자기 집에서 섹스를 즐기는 것으로 알려져 있었다. 며칠 뒤 다이어는 자기 아파트에서 전선으로 목이 졸리고 칼에 찔린 시체로 발견되었다. 침대에는 성적인 자세를 취한 나체의 남자들이 그려진 포르노그래피 카드가 흩어져 있었고 다이어의 등에는 하트 에이스가 세워져 있었다. 경찰은 주유소를 털다 걸린 랜드리건을 다시 체포했다. 그의 신발 자국은 다이어의 살인 현장에서 발견된 자국과 일치했다. 랜드리건은 살해 사실을 부인하면서 다이어가 자신에게 성적으로 접근했지만 그를 죽인 것은 다른 사람이라고 주장했다.

댄 말론과 하워드 스윈들은 래드리건의 이야기를 전하면서 이렇게 묻는다. "출생 때 받은 염색체 카드가 어떤 사람이 소시오패스가 될지 아니면 생산적 사회 구성원이 될지 결정하는 것일까? 아니면 아이가 양육되는 세계가 성인을 형성하는 틀을 짜는 것일까?"[24] 어떤 이론가들은 랜드리건이 유전적으로 미리 결정된 범죄자라고 본다. 또 어떤 이론가들은 그가 미리 결정된 방식으로 행동했다는 데는 의견이 일치하지만 그렇게 결정한 것은 사회적 배경이라고 본다. 그러나 두 가지 설명 모두 그가 범죄를 저지르며 경험했을지도 모르는 아주 특정한 형태의 즐거움에 대해서는 설명하지 못한다. 그의 다이어 살해는 생물학적 조건이나 문화적 조건을 그대로 반영한 반응이라고 보기엔 매우 독특한 데가 있었다. 심지어 교묘했다고도 말할 수 있다. 다이어의 집에서 카드를 매우 과시적으로 깔끔하게 배치한 것을 보면 랜드리건은 단지 더 높은 힘 ― 예를 들어 자기 유전자 ― 의 도구가 아니라 자신의 범죄 현장에 상징적 표지를 남기고 싶어 하는 하나의 주체에 훨씬 가깝다고 할 수 있다.

랜드리건은 유전자 암호 서열이 내리는 명령을 따랐다기보다는 그런 결정 요인들과 맞서려는 시도로서 그런 행동을 했을지도 모른다. 그는 가족의 폭력적 전통 안에서 움직이기는 했지만 완전히 자신의 것이라고 할 수 있는, 사악하고 세련된 범행 특성을 통해 아버지나 할아버지의 아무 생각 없는 잔혹성과는 다른 면을 보여 주었다.

랜드리건 집안의 범죄성에 대한 유전학자 — 또는 심지어 사회학자 — 의 관점은 한 세대의 행동과 다른 세대의 행동 사이의 그런 차이를 인식하지 못한다. 유전학적 관점에서 범죄 행동은 모두 똑같은 "범죄"일 뿐이고 단지 그 정도의 차이만 있을 뿐이다. 경찰 심리학자나 심지어 좀 넓은 식견을 가진 형사조차도 그렇지 않다는 것을 알고 있다. 어떤 범죄행위 — 어떤 살인 — 를 저질렀느냐에 따라 보통 심리적 드라마와 집착도 달라진다. 랜드리건은 자신의 범죄자 선조들과는 달리 자기 인생의 핵심은 대체로 자신이 동일시할 수 있는 뭔가 또는 누군가를 찾는 과정임을 나름의 수준에서 이해하고 있었다. 2010년에 처형되면서 그가 마지막으로 남긴 말은 "부머 수너"Boomer Sooner▮였는데, 이는 오클라호마 대

▮ 원래는 오클라호마 대학 주위의 땅을 차지하려고 정식 개방 전에 점유한 사람을 가리킨다. 랜드리건은 오클라호마 주에서 태어났으며, 이후

학 풋볼팀인 수너즈 팬들의 응원 구호였다.

유전자

무엇에 관한 정보인가?

분자생물학은 유기체가 담고 있는 유전정보를 묘사하기 위해 컴퓨터 과학으로부터 "프로그램"이라는 말을 빌려왔다. "정보"라는 말은 우리가 전달 가능한 의미론적 자료를 다루고 있다는 느낌을 준다. 또 우리는 이 정보가 명령이나 원인으로 작동한다는 인상을 받기 쉽다. 정보를 소유하면 우리는 그것을 해석하거나 감출 수 있고, 그것에 따라 행동하거나 그것을 무시할 수 있다는 것이다. 나아가 과학의 진보는 우리가 곧 유전자를 통제하거나 수정할 수 있을 것이라는 희망을 품게 해준다. 예를 들어 인간 게놈 프로젝트의 설립자 가운데 한 사람은 게놈을 해독하면 처음으로 생물이 자신의 기원을 이해하고 미래를 기획하는 일을 수행할 수 있을 것이라고 말했다. 이블린 폭스 켈러도 생명을 유전자로 옮겨 놓고 정보 내용을 재규정할 수 있으면 생명을 재구성하거나 진화의 미

죽을 때까지 수너즈의 팬이었다고 한다.

래 경로를 재설정하는 일이 관리와 실행이 가능한 프로젝트가 될 수 있다고 결론 내렸다.[25]

우리는 이른바 신경유전학적 실재의 시대를 살고 있다. 그래서 몸에서 진실을 찾아낼 것이라는 희망을 품을 수 있을지 모르지만 인간의 주체성 — 그 상상력, 환상, 자기 파괴적 행동, 일탈과 관련된 주이상스와 더불어 — 은 유전암호나 우리 뇌세포들의 복잡한 점화 패턴에 의해 움직이는 신경 기계로 환원될 수 없다. 그러나 몸과 관련된 새로운 지식은 사람들이 몸이나 조상과 관계 맺는 방식에 영향을 주고 있다. 사람들이 유전자를 중심으로 형성한 새로운 환상에 덧붙여 동일시의 방식도 변하고 있다. "부당 출생"의 경우 아이와 부모는 부당한 기증자와 관련된 유전자가 아이의 행동을 결정하는 요인이라고 받아들이며 정신적 문제나 말을 잘 듣지 않는 태도를 기증자의 유전자 탓으로 돌린 것이다. 그러나 아이는 유전자와 상관없이 익명의 정자 기증자건 나중에 자식을 버린 아버지건 생부와 동일시하거나 다른 방식으로 생부의 뒤를 따를 수도 있다.

유전학이 유전자의 영향은 궁극적 수준에서 사회적이고 환경적인 요인에 달려 있다는 것을 인정해 후생 유전학의 중요성을 강조한다는 것은 개인의 삶에서 가족이나 다른 상호주관적 관계의 힘을 강조하는 것이기도 하다. 법을 어기는 충동적 행동의 유전적 기초를 확인하려는 연구들조차 가정의 불안정한 정서적 환경, 특히 가정 내 학대는 충동성과 연결된 유전자 활동을 촉발할 수 있다고 지적한다. 그러나 그런 연구는 미디어에서 쏟아지는 이야기들이 복잡한 유전학적 연구의 발견을 "범죄 행동의 유전자"를 찾아냈다는 식의 과장된 주장으로 환원하는 일이 많다는 점을 고려할 필요가 있다. 그런 주장은 주체의 몸, 무의식적 환상, 동일시에 상당한 영향을 준다. 유전자가 범죄에 책임이 있다는 믿음이 확산되면서 어떤 후생 유전적 환경 ― 언어와 문화 ― 이 만들어지고 있는데, 유전자와 행동에 대한 연구는 이를 반드시 고려해야 한다.

4

병을 부인하는 사람들

마리아가 심한 복통을 겪었을 때 처음 든 생각은 식중독이었다. 그녀는 점심을 먹은 레스토랑을 탓했으며 맛이 좀 이상했던 음식을 다 먹은 걸 후회했다. 몇 시간 뒤 통증이 견딜 수 없을 정도로 심해져 마리아는 응급실에 갔고 초음파검사 결과 복부에서 아주 큰 덩어리가 발견되었다. 그녀는 대장에서 큰 종양을 제거하는 수술을 받았다. 마취에서 깨어났을 때 마리아는 장폐색 때문에 아팠던 것이며 병리학적 검사 결과가 나와 봐야 종양이 악성인지 아닌지 알 수 있다는 말을 들었다.

마리아는 "장폐색"이라는 말을 듣고 안도했다. 얼마 전 한 친구가 장폐색 진단을 받았지만 금방 회복했기 때문이다. 당시 마리아는 장폐색이 암이 아니라 장을 막고 있는 양성 종양이라고 이해했다. 그녀는 자신도 친구와 같은 진단을 받은 거라고 생각해 병리학 검사 결과를 봐야 한다는 의사의 이야기는 완전히 무시했다. 마리아에게 "장폐색"이라는 용어는 이전의 모든 문제 ─ 가끔 겪었던 소화불량, 복부팽만감, 식욕부진 ─ 를 설명하는 말이 되었다. 나아가 친구나 가족에게 같은 병동에 있는 다른 환자들은 암으로 고생하는데 자신은 장폐색일 뿐이니 얼마나 운이 좋으냐고 말했다.

의사가 조직 검사 결과를 알려 주었을 때도 마리아는 그의 설명을 들으려 하지 않았다. "선암"腺癌이라는 말이 나오자마자 마리아는 의사의 말을 끊고 장폐색에 관한 장광설을 늘어놓으며 암에 걸리지 않은 자신은 운이 좋다고 자랑하면서 암 진단을 감당해야 하는 사람들을 동정했다. 그녀의 광적인 독백 때문에 의사는 마리아에게 그녀의 장폐색이 사실은 일종의 대장암인데 다행히 인접 기관들까지 번지지는 않았다고 설명할 기회를 찾지 못했다. 그래서 한동안 어떤 추가 치료도 제안할 수 없었다. 마리아는 퇴원할 때 이 정보를 자세히 설명하는 문서를 받았다. 그러나 그것도 그녀는 전혀 읽어 보지 않았다.

마리아의 남편은 아내가 받은 진단을 잘 알고 있었다. 매우 영리하고 새로운 것을 배우는 데 열심인 아내가 병을 부인하는 데서 그런 위로를 얻는 것을 보고 그는 충격을 받았다. 남편은 아내에게 진짜 상황을 인정하도록 강요할 것인지 아니면 자기기만을 유지하도록 허락할 것인지 알 수가 없어 배우자가 암환자인 사람들이 모인 온라인 커뮤니티에 자신의 걱정을 토로하다가 어느 날 자신의 병을 부인하는 사람이 진실과 대면하는 방법을 물었다. 이름을 밝히지 않은 한 의사는 먹는 것에 빗대어 이렇게 답해 주었다. 사람들이 미지의 새로운 음식을 맛보는 방식은 여러 가지다. 어떤 사람들은 용감하게 한입 삼키고, 어떤 사람들은 물끄러미 바라보다가 아주 작은 양을 매우 조심스럽게 깨물어 본다. 때로는 한입 더 먹어 보기도 하고, 때로는 겁에 질려 외면한 뒤 다시는 가까이하려 들지 않는다. 생명을 위협하는 병과 마주한 사람들도 비슷하다. 어떤 사람들은 그것에 관해 다 알고 싶어 열정적으로 자기 병을 파고들어 조사도 많이 하고 말도 많이 한다. 하지만 어떤 사람들은 조심스럽게 나아간다. 조금 알아보다가 멈출 수도 있다. 또 어떤 사람들은 약간의 정보나 탐사에서도 큰 괴로움을 느껴 무섭거나 불쾌한 것을 알게 되는 일을 막기 위해 온갖 종류의 보호 기제를 만들어 낸다.

마리아는 마지막 네 번째 집단에 속했다. 그녀는 계속 자기 장폐색 이야기를 했고 곧 주변 사람들은 그녀에게 병에 관해 묻지 않게 되었다. 의사들조차 그녀의 장폐색이 암의 일종이라는 말은 절대 하지 않았다. 그녀는 미래에 암 진단이 나올 가능성으로부터 자신을 보호하기 위해 여러 비타민에 종교적으로 매달렸고 아시아계 약국에서 파는 약초들의 힘을 맹신하게 되었다 ─ 모두 앞으로 암에 걸리는 것을 예방하자는 생각에서였다. 전에 겪은 증상이 반복되지도 않았다.

마리아가 어떤 식으로든 자신이 암에 걸렸다는 것을 "알았지만"이 감당할 수 없는 앎으로부터 스스로를 보호하기 위한 다양한 전략을 찾아냈다고 추측해 볼 수도 있다. "장폐색"이라는 말은 그녀에게 마법의 말 — 인류학자들이 어떤 사람을 위험으로부터 보호해 주는 특별한 힘을 가진 말이라고 묘사하는 — 이었다.

마리아는 자신이 병에 걸렸다는 진실로부터 스스로를 보호하고자 처음에는 의사의 설명에 귀를 닫아 버렸고 나중에는 의사 소견서에도 눈을 감아 버렸다. 그녀의 방어 전략의 또 한 부분은 자신의 모든 불안을 남편에게 전가하는 것이었다. 그녀가 의도적 무지라는 거품 안에 자신을 가두었을 때 남편은 그녀가 인정하고 싶지 않은 앎이라는 짐을 떠안았다. 그는 마리아가 진실에 무지한 상태를 유지하도록 허용해 그녀의 불안을 줄이는 것을 도왔다. 나아가 그녀가 있을 때는 다른 사람들이 암이라는 주제를 피하도록 권해 마리아를 더 보호해 주었다.

이 사례는 의도적이든 아니든 어떤 사람이 자신의 무지를 유지하려면 다른 사람들이 그 무지를 보호하는 데 기꺼이 공모해야 한다는 것을 보여 준다. 이것은 많은 사례에서 발견되는 전략이다. 곤혹스러운 정보를 피하려고 부인을 전술로 선택하는 것에 다른 사람들이 장단을 맞춰 줄 때 그 사람의 불안은 다른 사람들에게 전이된다. 역시 암의 위협을 감당하고 있는 다른 커플의 경우에는 부인이 남편의 병에 관해 늘 이야기를 해서 불안을 분산시켰다. 둘 다 교육 수준이 높은 이들이었지만 남편은 암 진단 후 아이의 역할을 맡았다. 부인은 늘 다른 사람들에게 남편이 어떤 의학적 절차를 밟고 있는지 설명하는 역할을 맡았으며 자신의 요리 솜씨를 자랑하면서 그 요리가 남편에게 힘이 된다고 주장했다. 그녀는 또 남편이 암으로 고통받지 않아서 얼마나 행복한지 모르겠다고 친구들에게 강박적으로 되풀이해 말했다. 그 반대가 사실임을 알고 있는 의사들이 있을 때 부인은 남편의 병이 양성이라고 아주 자세한 설명을 늘어놓았고 자신이 진실을 알고 있을지도 모른다는 암시는 전혀 하지 않았다. 이런 환상을 유지하기 위해 그녀는 박식한 대화 상대들에게 의존했는데, 그들은 입을 다물고 그녀의 독백을 받아들이는 듯한 태도로 그녀의 설명을 지지해 주었다. 이런 말을 하는 동안 남편은 종종 입을 다물고 아내가 자신의 상태를 묘사하면 맞장구를 치듯 고개를 끄덕였다. 남편도 부인하는 상태였는지 아니면 진실이 일으킬 불안으로부터 아내를 보호하려 했을 뿐인지는 분명치 않았다. 다행히도 그는 공격적인 치료는 받을 필요가 없었고 그 덕분에 부인은 남편의 건강 문제의 심각한 본질을 인정하지 않고 계속 회피할 수 있었다.

의학 영역에서 부인과 무지의 전략은 최근 수십 년간 "고지후 동의" 절차가 시행되어 의료진이 환자 상태와 치료의 잠재적 위험에 관해 환자 본인에게 알려야 한다는 압박이 늘어나면서 다소 변화가 있었는데, 이 점에 관해서는 나중에 논의할 것이다.

사람들이 생명에 위협이 되는 병을 부인하는 방식도 탈산업 자본주의사회에서 인간 행위성을 인식하는 방식이 크게 달라지면서 변화가 생겼다. 선택이라는 널리 퍼진 관념과 합리적 결정의 힘에 대한 믿음은 이런 변화와 더불어 개인이 자신의 병과 치료에 책임을 져야 한다는 관념을 형성하는 데도 기여했다.[1] 암의 경우 이것은 가끔 사람들이 건강한 생활 습관을 따르지 않았거나 어떤 식으로든 암을 일으키는 부정적인 인생관을 가졌기 때문에 암에 걸린다는 관념으로 표현되기도 한다. 간혹 사람들이 자신에게 문제가 있다는 것을 부인해 그런 심판을 피하려 하는 것도 놀라운 일은 아니다. 죽음에 관한 사람들의 불안과 부인 사이에는 중요한 관련이 있기 때문에 새로운 테크놀로지는 또 죽음을 부인하는 새로운 방법들을 찾도록 자극했다 ― 이 장 후반에 살펴보겠지만 어떤 영역에서는 불멸의 환상을 길러 냈고, 이것은 인간의 몸을 기계와 합쳐 생명을 연장하고 싶어 하는 트랜스휴머니스트, 더 오래 살기 위해 몸에 개입하는 작업을 하는 바이오해커, 무한한 삶의 가능성에 대한 믿음의 힘으로, 특히 불멸이라는 관념을 수용하는 다른 사람들과의 상호작용으로 죽음을 극복할 수 있다고 주장하는 불멸주의 운동 등에 의해 다양하게 실행에 옮겨지고 있다.[2]

부인의 힘

무지와 부인이 건강 문제에서 대단히 의미 있는 요인들임에도 의학은 지속적인 관심을 기울이지 않았다. 사람들은 백신에 대한 과학적 연구 같은 의학 지식은 무시할 수도 있다. 그러나 자신의 건강이 문제될 때는 부인으로 더 기우는 경향이 있는데, 이것은 트라우마적인 것을 감당할 수 없을 때 작동하는 심리적 방어기제다.

의학에서 부인의 문제와 관련된 가장 실질적인 작업은 1980년대에 슐로모 브레즈니츠가 한 것으로 그는 심장마비 환자들의 부인 문제를 다루었다.[3] 브레즈니츠는 환자들에게서 일곱 가지 부인을 발견했다. 환자 다수는 병이 진전되면서 한 유형의 부인에서 다른 유형의 부인으로 넘어갔는데 보통은 더 "원시적인 형태의 부인"으로 퇴행했다.[4]

브레즈니츠의 연구에서 언급된 부인의 첫 번째 유형은 개인적 관련성의 부정이다. 병원에서 옆의 환자가 치명적인 심장마비를 겪는 것을 목격한 일군의 관상동맥 질환자들이 그 예다. 이 관찰자들은 다수가 자신도 고위험군이지만 비슷한 일이 자기한테도 일어날 수 있다는 생각은 하지 않았다. 브레즈니츠가 파악한 두 번째 유형은 긴급성의 부인이다. 전에 응급 상황(심장마비나 암)을 겪은 사람들이 그 증상이 되풀이되어도 도움 요청을 미루는 것이 그 예다.[5] 세 번째 유형은 생활 방식을 바꾸었기(운동을 더 하고, 더 건강하게 먹는 등) 때문에 위기가 다시 닥치는 것에서 보호받고 있다고 느끼는 사람들이 자신의 취약한 상태를 부인하는 것이다. 어떤 사람들은 책임감을 완전히 던져 버리고 심장마비는 운·운명·숙명 등 통제 불가능한 요인을 따를 뿐이라고 인식하기도 한다. 부인의 다른 형태에는 사실적이고 실용적인 정보를 차단하는 것도 있었는데, 때로는 자기만의 세계로 탈출해 자신의 병에 관한 모든 정보를 무차별적으로 부인하고 자신을 지탱해 줄 수 있는 건강 관련 망상들을 만들어 내는 지경에 이르렀다.

브레즈니츠는 부인의 유형들에 덧붙여, 사회가 일의 의미와 목적을 인식하는 방식에서 일어난 변화, 또 사람들이 일이나 삶 전반에서 자신의 행위성의 역할이 변했다고 느끼는 것도 건강에 관한 새로운 유형의 부인을 낳았다고 밝혔다. 후기 자본주의 이데올로기 때문에 사람들은 계속 생산적이고 기업가적이어야 할 뿐만 아니라 조금이라도 실패하면 스스로를 비판해야 한다는 압박에 시달리게 되었다. 일을 관념과 실천으로서 찬양하는 태도는 단순한 취업 장려를 훨씬 넘어서서 자기 계발을 하나의 이상으로 드높이는 것으로 표현된다. 사람들은 자기 자신, 또 자신이 맺는 관계, 우정, 부모로서의 기술 등을 무한히 발전시켜야 한다. 계속 일하면서 병들지 않는 것이 중요하며 만일 병이 들면 나으려는 노력이 중요하다. 일을 하지 않으면 정체성에 혼란이 오고 가치가 없다고 느낄 수 있다. 의사들은 흔히 환자가 이렇게 말하는 것을 듣는다. "일이 없으면 난 아무것도 아니다." 심장전문의들은 심장마비 환자들이 얼마나 쉬어야 하느냐고 묻는 일보다 일로 돌아가는 데 얼마나 걸리냐고 묻는 일이 많다는 사실을 알게 되었다.[6] 병가로부터 가능한 한 빨리 일터로 돌아가고 싶은 욕망은 병에 대한 새로운 형태의 부인을 낳았다. 건강이 좋지 않은 사람들은 자신이 앓는 병의 성격을 머리로는 이해할지 몰라도 그것이 오랜 시간 계속해서 열심히 일하는 능력에 영향을 줄 수도 있다는 것은 부인한다.

일에 집착하는 이데올로기와 관련된 부인은 병에서 회복하는 것도 엄청난 결심이 필요한 일종의 일로 인식하는 것으로 이어진다. 어떤 환자들은 심장마비 후에 퇴원할 때 바로 새로운 개인적 식이요법으로 들어가 생활을 바꾸려고 한다. 너무 일찍 너무 열심히 운동을 시작해 극한 스포츠에 뛰어들기도 하고 병적인 건강식품 탐욕증에 걸릴 만큼 식이요법을 이행하는 데 집착하기도 한다. 회복을 위한 강도 높은 노력은 병이 몸에 이미 주었을 영향을 무시하는 방법이 되며 심장병이나 다른 질병이 있는 사람들에게는 위험하다고 단정할 수는 없어도 사실상 역효과를 낳는 신체적 스트레스를 줄 수 있다.

정신분석가들에 따르면 "밤낮이 다른" 부인이라 할 만한 것도 있다.[7] 환자는 낮에는 꼼꼼하게 건강을 챙기지만 — 칼로리를 계산하고 유기농 음식이 아니면 먹지 않고 엄격하게 꾸준히 운동하면서 — 저녁이면 완전히 달라져 과음을 하고 마약을 하며 "정상적인" 건강한 행동은 완전히 무시하는 모습을 과시한다. "밤낮이 다른" 사람들은 마약이 해롭다는 것도 부인하거나 낮에 엄격하게 식이요법을 지켰기 때문에 알코올이나 담배가 건강에 심각한 영향을 주지 않는다고 주장하기도 한다.

질병 불각증과 아프지 못하는 상태

자신의 병으로부터 "분리되는" 또는 그것을 무시하는 환자들의 가장 놀라운 사례에는 "질병 불각증"이라고 알려진 신경 장애가 있다.[8] 이런 장애를 보이는 사람들은 특정한 신경 결함을 인정하지 못한다. 예를 들어 어떤 사람은 자신의 몸의 일부가 마비된 사실을 인정하지 않으려 할 수도 있고, 어떤 사람은 신발을 한 짝만 신고 있다거나 옷을 다 입지 않은 것을 알아채지 못할 수도 있다. 질병 불각증이 있는 사람들은 특이한 방식으로 음식을 입에 넣는다든가 한쪽으로만 씹는다든가 접시의 음식을 반만 먹는다든가 하는 사실을 까맣게 모를 수도 있다. 얼굴의 반쪽만 면도할 수도 있고 앞에 있는 글의 반만 읽을 수도 있고 이미지의 반만 그릴 수도 있다. 몸의 일부가 독특하게 멀어진 느낌 ― 예를 들어 다리가 자기 것이 아니라고 느낀다든가 하는 ― 을 경험할 수도 있다. 질병 불각증의 가장 흥미로운 사례로는 눈이 먼 것을 부인하는 경우를 들 수 있다. 시력에 영향을 주는 뇌 병변이 있는 사람들 가운데는 시력이 사라진 것을 부인하고 마치 볼 수 있는 것처럼 행동하는 경우도 있다. 방향감각이 없어 일상적인 일도 처리하지 못하는 시각적 질병 불각증 환자들은, 보이지 않는다는 것을 알리지 않을 뿐만 아니라 환경을 탓해, 예를 들어 불이 밝지 않다든가 안경에 문제가 있다고 말하곤 한다.

어떤 질병 불각증 환자들은 자신의 병을 완전히 부인하고, 어떤 환자들은 그냥 관심을 보이지 않으며, 또 어떤 환자들은 의사가 과장하거나 실수를 했다고 비난한다. 1960년대에 에드윈 웨인스타인과 맬빈 콜은 질병 불각증이 생리적 상태나 신경의 상태를 넘어선 문제라고 설명했다.[9] 그들은 병이나 장애의 부인을 더 넓은 방어기제의 맥락에서, 사람들이 심리적으로 수용할 수 없는 것을 옆으로 밀어내는 데 도움을 주는 무의식적 전략으로 보았다. 웨인스타인과 콜은 질병 불각증을 앓는 어떤 환자들의 경우 병원에 오게 된 이유를 거짓으로 만들어 낸다는 것을 알게 되었다. 그냥 친구 면회를 왔다고 말하는 사람이 있는가 하면 병원에서 일한다고 주장하는 사람도 있었다. 사고나 뇌졸중으로 몸이 마비된 사람들도 가끔 거짓 이유를 만들어 낸다. 가령 팔다리가 그냥 저리거나 힘이 없다든가 주사를 맞고 아파서 움직일 수가 없다고 말한다.

웨인스타인과 콜은 또 일부 환자들은 마비만이 아니라 요실금, 구토를 비롯해 도저히 부인할 수 없을 것 같은 온갖 신체 증상도 부인한다는 것을 알게 되었다. 놀라운 것은 그들이 대부분 병은 부인하면서도 병원의 진료나 약, 심지어 수술까지 평온하게 받아들였다는 점이다. 웨인스타인과 콜은 환자들이 상황을 재규정하고, 새로운 요구와 도전이라는 현실과 이전의 사회적 역할 사이에 균형을 잡으려고 자신이 인정할 증상을 선별하고 "걸러 낸다"는 흥미로운 가설을 제시했다.[10]

웨인스타인과 콜의 발견 덕분에 질병 불각증에 관한 신경학적 연구에 중요한 차원이 더해졌다. 사람들이 신경 손상을 감당하는 매우 주관적인 방식들을 고려에 넣었기 때문이다. 최근 들어 캐서린 모린은 뇌졸중 환자들이 자신의 마비와 관련해 매우 개인적인 환상을 만들어 내는 것을 살펴보았다.[11] 비슷한 뇌 손상을 입은 두 사람이 증상에 관해 서로 아주 다른 이야기를 하는 경향이 있다는 것이다. 이 이야기에서는 개인의 무의식이 중요한 역할을 한다. 오래전에 잊은 기억과 유년의 트라우마가 신경 손상으로 생기는 새로운 자기 인식과 얽히기 때문이다. 한쪽 팔이 마비된 뒤 질병 불각증을 겪고 있던 한 환자는 자신의 늘어진 팔이 죽은 형의 것이라고 믿었다. 형을 잃은 끔찍한 일과 관련된 기억이 환자의 신체적 손상 경험과 얽히게 된 것으로 보인다. 하지만 팔에 비슷한 장애가 있는 다른 사람은 어린 시절 아버지가 해준 포옹 같은 느낌이라고 말했다. 양쪽의 경우 쓰지 못하게 된 팔은 오래전 기억이나 오래전에 잊은 감정과 연결되었다.

사람들이 자기 몸에 일어나고 있는 일을 부인하거나 무시하는 또 다른 형태는 정신과 의사 허먼 무사프가 "병적인 건강"이라고 묘사하는 것이다. 그런 사람에게 마음이나 몸에 뭔가 문제가 있을지도 모른다는 생각은 일종의 "자기애의 손상"narcissistic injury 으로 나타나기 때문에, 신체적 증상을 부인하거나 대단치 않은 것으로 생각하거나 몸이 완전하지 않은 느낌이어도 절대 불평하지 않는다. 이런 종류의 부인을 반건강염려증이라 부르기도 하는데, 이것이 증상을 길게 과장하거나 늘 아프다고 주장하는 건강염려증 상태의 거울 이미지이기 때문이다.[12]

고지 후 동의

고전 그리스철학에서는 진리를 "약과 같이" 생각해 신중하게 조절된 양을 "환자"에게 처방해 주었는데, 최근까지도 의료계에서는 진실에 대한 이와 비슷한 접근법을 표준으로 여겨 왔다.[13] 의사들은 너무 많은 진실이 환자를 잠재적으로 불안하게 만들 수 있다고 믿었으며, 그래서 환자와의 소통에서 진실을 회피하거나 공개하지 않거나 은폐하는 특징을 보였다. 환자는 무지한 상태로 관리하고, 의사는 신중한 태도를 유지하는 게 효과적인 의료 관행에 필수적인 동시에 직업적 권위와 신비를 유지해 줄 수 있다는 것이 일반적인 생각이었다. 그런 비밀 유지와 투명성 부족은 의사의 자신감 부족, 실수, 무지를 덮어 버리기 위해 필요할 때마다 유용하게 사용되기도 했다. 의사들은 어떤 사람의 상태에 관해 진실을 말한다 해도 가까운 가족, 즉 직계 가족에게게만 말하고, 환자에게는 전하지 말라고 강권하곤 했다.

이런 태도가 바뀐 것은 1970년대였다.[14] 의료윤리에 대한 새로운 접근과 의료 소송의 증가로 고지 후 동의가 의료 관행에서 중요한 부분이 되었다.[15] 고지 후 동의에는 우리가 정보를 불편부당하게 평가한 뒤 그 정보를 바탕으로 자신의 행복에 관한 결정을 내릴 수 있는 "합리적 주체"라는 가정이 깔려 있다. 또 특정한 행동 방침에 동의하는 사람이라면 그 잠재적 결과를 모두 분명하게 이해하고 있을 것이라는 예상에 의존하고 있다.

고지 후 동의 관념은 의료 분야에서 벌어지는 다양한 오남용 사례 때문에 등장했다. 역사적으로 가장 악명 높은 것은 나치 독일이 강제수용소의 수감자들을 대상으로 실시한 의학 실험이었다. 최근에는 속임수나 강요 때문에 의학 연구에 참여하거나 돈을 받고 장기를 파는 사람들이 자신에게 적용될 절차가 가져올 결과에 관해 적절한 고지를 받지 못하는 사례들이 전 세계에서 밝혀지고 있다(수감자, 소수자, 빈민, 권리가 없는 사람, 권력이 없는 사람인 경우가 많다). 이런 남용 사례들 때문에 연구만이 아니라 치료에서도 동의가 환자-전문가 관계의 중심에 놓여야 한다는 목소리가 힘을 얻게 되었다. 환자-의사 관계에 전통적으로 내재한 온정주의에 이의를 제기하고자 하는 사람들, 또 환자의 자율성 확대를 요구하는 운동을 하는 사람들도 고지 후 동의 관념을 지지했다.[16]

의료윤리학자들은 고지 후 동의를 법적으로 또 실제적으로 구성하는 것이 무엇인가 하는 문제를 포함해 이와 관련된 많은 쟁점을 다루었지만, 사람들이 결정을 내리도록 이끄는 의식적이고 무의식적인 기제나 가끔 사람들이 그런 결정을 내리는 책임을 무조건 떠안지 않으려 한다는 사실은 거의 다루지 않는다.[17] 고지 후 동의를 둘러싼 논의는 또 환자가 무지를 받아들일 수도 있고 동의 양식을 발행하는 쪽에서 환자가 그렇게 받아들이도록 공모할 수도 있다는 사실을 간과하기도 한다.

대부분의 사법권에서 고지 후 동의 진술이 법적으로 효력을 가지려면 서명을 하는 사람이, 좀 구식으로 표현하자면, "제정신"이라고 이해될 필요가 있다. 즉, 그 사람이 자신의 행복에 도움이 되는 합리적 결정을 내릴 수 있어야 한다. 그러나 심리학과 정신분석학의 100년 이상의 연구는 "합리성"이 매우 주관적이고 따라서 논란이 될 만한 원칙임을 보여 주었다.[18] 행동의 합리적 경로가 일반적으로 말해서 쾌락(또는 편리와 행복)을 최대화하고 고통(또는 불편과 아픈 몸)을 최소화하려는 것이라는 데 동의할 수 있다 해도, 수많은 정신분석 사례는 사람들이 종종 — 특히 곤혹스러운 선택을 마주하거나 스트레스가 큰 시기에 — 이런 합리성에 따라 행동하지 않는다는 것을 보여 준다. 이럴 때면 개인의 무의식은 합법적이거나 과학적인 규약과 이른바 합리적 선택을 거스르는 진술을 택하는 — 때로는 유아적 확신, 마법적 사고 또는 단단히 고착된 개인적 혐오의 영향을 받아 — 경향이 있다. 따라서 표준적인 고지 후 동의는 관찰로 입증되지 않은 인간의 합리성과 실용주의에 관한 이상에 기초를 두고 있는 셈이다.

합리성에 대한 표준적 정의를 받아들이는 것은 (고지 후 동의를 비롯한) 환자와 의사(또는 환자와 의료 기관) 사이의 현대적 계약에서 필수 전제조건이다. 그 결과 소송이 많이 벌어지는 의료 업계에서는 고지 후 동의를 이용해 환자 쪽에 새로운 형태의 무지를 만들어 냈다. 환자는 의료 절차에 동의할 때 온갖 종류의 무시무시한 결과를 이해하고 받아들인다고 진술하는 문서에 서명할 것을 요구받는다. 사람들은 대부분 문서를 얼른 훑어본 다음 그것을 완전하게 "합리적으로" 소화하지 못한 상태에서 양식에 서명하는데, 이 때문에 동의 양식에 담겨 있는 정보의 성격이 문제가 된다. 비전문가인 관찰자가 보기에 고지 후 동의 양식은 의료 절차에 뭔가 문제가 생길 때 서비스 제공자를 보호하기 위한 방식으로 작성되어 있다. 그런 보호는 얼마든지 정당화된다. 어떤 절차도 어떤 의사도 절대 오류가 없을 수는 없기 때문이다. 그러나 동시에 동의 양식은 환자를 치료할 전문가에 관한 정보를 제공하는 일이 거의 없으므로 환자는 자신을 치료하는 사람의 힘이나 기술을 비현실적으로 신뢰하게 될 수도 있다. 저스틴 오클리는 수술을 진행할지 결정해야 하는 사람은 의사가 집도했던 이전 수술의 문제나 나쁜 결과에 관한 정보에 접근할 수 있어야 한다고 주장한다.[19] 국민건강보험의 적용으로 개인에게 의사를 선택할 수 있는 권한이 주어지지 않는 나라■에서도 개별 의사의 업무 수행 기록에 접근

■ 영국의 경우 모든 국민은 자신의 거주 지역 내의 1차진료의(일반의

할 수 있으면 환자는 더 많은 정보를 가진 상태에서 동의(또는 거부)할 수 있을 것이다. 오클리는 자신의 주장을 뒷받침하기 위해, 무능한 진료 기록 때문에 진료를 계속할 자격을 상실했어야 마땅하지만 어찌 된 일인지 계속 진료하는 것이 허용된 오스트레일리아 의사들을 예로 든다. 동료들은 어떤 의사의 장기간에 걸친 의료 과실을 알거나 짐작하고 있었음에도 전문가들끼리의 침묵의 공모로 그 일에 관해 입을 다물었는데, 이런 공모는 너무 자주 되풀이된다. 하지만 치료 전에 일찌감치 의사나 병원의 실적에 관한 정보를 얻을 권리가 환자에게 있다는 것은 당연한 주장이라고 할 수 있다.

진실이 상처를 줄 수 있을까?

의사-환자 관계에서 문제의 많은 부분이 진실을 감추거나 왜곡하거나 회피할 때 발생하는 반면, 환자에게 진실을 말해 줄 경우 그 효과는 매우 긍정적일 수 있다.[20] 한 연구는 치료 직전 그 절차를

General Practitioner)를 자신의 주치의로 등록해야 하고, 주치의를 통해서만 전문적인 2차 진료를 받을 수 있다.

담당하는 수습 간호사나 신참 의사가 그 일을 처음 하는 것이라는 말을 들었을 때 환자들이 보이는 반응을 추적해 보았다.[21] 이 연구는 의대생들이 상처를 봉합하고 정맥주사를 놓는 등의 일을 하는 응급실에서 이루어졌다. 환자들은 대부분 그 학생이 이런 일을 전에도 해보았는지 알고 싶어 했지만 그렇지 않다는 이야기를 듣고도 다수는 그의 의료 행위에 동의했다. 이들 중 다수는 학생의 경험 부족에 두려움을 느끼지 않았으며 오히려 솔직한 태도에 감사했다. 보스니아 전쟁에서 수류탄으로 부상을 당한 내 친구도 비슷한 반응을 보였다. 그는 팔에 심한 부상을 입고 임시 진료실로 들어갔는데 그곳에서 젊은 의사가 다리 조직을 이식하면 팔을 구할 수 있을지 모른다고 말하면서도 자신은 그런 수술을 해본 적이 없다고 인정했다. 또 만일 수술이 실패할 경우 팔을 그냥 절단하는 경우보다 심한 고통을 겪을 수 있다는 점도 설명해 주었다. 의사가 이렇게 제한된 지식과 능력을 인정하자 오히려 친구는 마음이 놓여 위험한 수술도 괜찮다고 말했다. 이식은 성공해 친구는 팔을 구할 수 있었다. 그러나 설사 수술이 성공하지 못했다 해도 내 친구는 아마 젊은 의사를 탓하지 않았을 것이다. 모든 사실을 듣고 잠재적 위험에 대한 정보도 충분히 얻었다고 느꼈기 때문이다.

의사들도 자신의 건강에 대해서라면 여느 사람들과 똑같이 부인에 의지할 수 있다. 신경외과의 폴 칼라니티는 『숨결이 바람

될 때』에서 말기 암 판정 이후의 투병 과정을 털어놓으며 처음에 자신이 얼마나 증상을 무시했는지를 이야기한다.[22] 그는 레지던트가 끝날 무렵 체중이 줄고 온갖 종류의 통증을 겪었으며 전반적으로 몸 상태가 좋지 않다고 느꼈다. 그러나 완전한 자격을 갖춘 신경외과의가 되고야 말겠다는 욕망이 워낙 강했기 때문에 몇 달동안 이런 증상들을 무시하고 건강을 돌보지 않았다. 칼라니티는 그냥 과로일 뿐이며 레지던트 과정이 끝나면 몸도 나아질 것이라고 믿었지만 서른일곱 살에 비극적으로 죽고 말았다. 한 젊은 의대생도 비슷한 상황이었지만 결과는 그보다 긍정적이었다. 그는 심한 두통을 겪으면서도 그 증상을 무시했다. 그냥 공부를 오래해서 피로하기 때문이라고 생각했다. 그는 의사가 되려고 공부 중이었지만 다양한 대안 요법을 찾아다녔으며 자신의 상태에 대한 의학적 설명은 구하려 하지 않다가 마침내 MRI를 찍어 보라는 권유를 받아들인 결과 두개골 밑에서 커다란 덩어리가 자라고 있다는 것이 드러났다. 그는 희귀한 유형의 종양으로 진단받았는데 그를 맡은 신경외과의는 그런 종양을 치료해 본 적이 없었다. 학생이 관련 경험이 있는 다른 의사를 요구하자 의사는 자신의 경험 부족을 인정하지 않으면서 학생이 의사를 바꾸는 것을 막으려 했다. 다행히도 이 학생은 다른 신경외과의한테 무사히 수술을 받았고 학업을 마쳤지만 의사 일은 하지 않기로 결정했다. 이 사례에서 우리는 두 가지 유형의 부인을 볼 수 있다. 의대생은 처음에 의학적 치료가 필요하다는 사실을 부인했고, 신경외과의는 자신의 전문 지식 부족을 부인한 것이다.

필멸성의 부인

프로이트는 부인이 죽음에 대한 공포와 연결돼 있다고 믿었다. 그는 부인이 이 죽음에 대한 공포에 대처할 수 있도록 해주는 무의식적 방어기제라고 주장했다. 그러나 프로이트가 보기에, 무의식 자체는 자신의 죽음 가능성을 인식하지 못한다—마치 불멸인 것처럼 행동한다.[23] 자크 라캉도 우리가 자신의 출생에 관해 생각하는 것과 마찬가지로 자신의 죽음에 관해 생각하는 것은 불가능하다고 보았다.[24] 그 결과 출생과 죽음이 제기하는 질문에 우리는 대부분 환상이나 일시적 위안만 줄 수 있는 이야기로 답하게 된다.

어떤 사람들은 필멸성 부인이나 트라우마 부인이 삶과 죽음에 관한 사고방식에 단단히 자리 잡아 극한 스포츠처럼 생명을 위협하는 위험한 활동에 참여하거나 위험한 생활 방식을 만들어 나가는 것으로 삶과 죽음의 경계를 시험하게 될 수도 있다. 아마 그런 모험의 가장 흔한 형태는 무방비 섹스일 텐데, 이는 에이즈가

한창 유행하던 시기에 미국의 일부 게이 서클에서 열린 "선물 주기 파티"에서 극단적 형태로 나타났다.[25] 파티에서 감염되지 않은 남자는 낯선 사람과 익명의 섹스를 했는데, 낯선 사람 가운데 다수는 HIV 양성이었다. 어떤 이들에게는 감염에 자신을 노출시키는 것이 HIV에 대한 불안에 대처하는 방식이었다. 일종의 러시안룰렛인 것이다. 병에 걸리는 것은 시간문제일 뿐이라고 느끼는 사람들에게 그것은 바이러스에 일부러 굴복하는 행동이었다. 바이러스와 싸우거나 바이러스를 피하려고 노력하는 것이 아무 소용이 없었기 때문이다.[26] 많은 사람들은 이미 감염된 친구나 파트너와 강하게 동일시하고 있었기 때문에 HIV가 없다는 이유로 그들과 달라 보이고 싶지 않았다. 또 어떤 이들에게는 선물 주기 파티가 죽음에 대한 부인을 실행에 옮기거나 죽음의 공포를 정복한 것을 과시하는 의식이었다.

죽음의 부인을 혼자 하는 경우는 거의 없다. 대개가 다른 사람들, 나아가 더 넓은 사회적 배경까지 관련된다. 데이비드 리프는 어머니 수전 손택에 관한 회고에서 그녀가 생을 마감할 무렵 의사와 함께 새롭고 공격적인 치료로 자신의 죽음을 멈출 수 있다는 환상을 공유했다고 말한다.[27] 손택은 자기 삶에 대한 책임감이 강한 사람이었다고 하며 강력한 의지로 대개 "자신이 원하는 것을 얻을" 수 있었다. 리프는 그녀가 마지막 몇 달 동안 의학적 결정을 내릴 때 그녀의 고집이 의사의 의학에 대한 믿음과 결합되어 두 배로 증폭되었다고 묘사한다. 그녀는 몸이 아주 약해진 상태였음에도 불구하고 골수이식을 받기로 했다. 살고 싶다는 욕망과 치료 가능성에 대한 믿음으로 그녀는 자신의 몸이 그런 공격적인 치료를 감당할 수 없다는 사실을 무시했다. 리프는 어머니가 자신의 병을 부인하지는 않았다고 강조했다. 그보다는 죽음을 받아들이기를 거부했고 "죽음의 명령에 …… 굴복하는 것을 상상하지 못했다."[28]

1960년대 말 엘리자베스 퀴블러-로스는 죽음에 대한 중요한 연구에서 부인에 대한 의사의 요구와 환자의 요구 사이의 공생 관계에 주목했다. 그녀는 부인을 받아들이는 의사는 환자에게서도 그것을 부추기는 반면, 의사가 환자와 병의 말기적 성격에 관해 쉽게 이야기할 수 있으면 환자도 더 공개적으로 이야기할 수 있게 된다는 것을 발견했다.[29] 수십 년 동안 병과 부인에 대해 분석한 에이버리 와이즈먼은 중요한 사람들과의 관계가 언제, 누구를 대상으로 부인이 이루어질지에 영향을 미친다는 것을 알아냈다.[30] 사람들은 가끔 전혀 모르는 사람과는 병에 관해 솔직히 이야기할 수 있지만 가까운 가족이나 친구와는 그럴 수 없다고 느낀다. 그들은 부인하는 상태에 있는 것처럼 보일 수도 있지만 사실은 무슨 일이 일어나고 있는지 아주 잘 알고 있고, 다만 가까운 사람들을 불안하게 만드는 일을 피하거나 아프기 전에 가졌던 관계를 보존하기 위해 병에 대한 이야기를 하지 않는 것일 수 있다.

선택으로서의 부인?

20세기 전반기 동안 의료 분야에서의 부인에 대한 연구들은 종종 부인에 관한 정신분석 이론을 참조하며 특히 죽음에 대한 공포와 부인의 관련성을 살폈던 반면, 최근의 연구는 부인을 선택으로 인식하는 경향이 있다.[31] 환자의 권리에 관한 담론이 발전하면서 부인이 합리적 선택의 문제로 고려돼야 한다는 주장이 나오게 된 것이다. 이런 관점에서 부인은 꼭 병에 대한 자각이나 그것이 낳을 수 있는 고통스러운 결과와 얽힌 감정과 관련된 것만이 아니라 주로 자신의 프라이버시를 보호하고자 하는 의식적 선택으로 간주된다. 부인은 소통의 문제가 된다. 예를 들어 환자는 어떤 사람과는 자신의 병 이야기를 하고 어떤 사람과는 하지 않겠다고 **결정**한다. 새로운 관점에서는 사람들이 생명을 위협하는 병과 마주하고 있지만 절대 그 이야기를 하지 않을 때 이런 침묵은 불안과 연결된 부인이 아니라 죽음을 논의하지 않겠다는 의식적 선택으로 간주해야 한다고 주장한다.[32]

사람들은 늘 임박한 죽음에 대처하기 위한 방식으로 부인의 이런저런 형태를 수용해 왔지만 선택으로서의 부인이라는 새로운 관념에 따르면 부인은 "건강"해 보이거나 적어도 처음에는 합리적인 것처럼 보이게 된다. 부인은 종종 일시적이기는 하지만, 환자가 자기만의 속도와 자기만의 방식으로 죽음을 받아들이게 해주는 전술이 된다. 이를 통해 환자는 임박한 필멸성에 규정당하며 살기보다는 자신의 정체성 감각을 유지할 수 있는 것이다.[33]

부인이 호스피스 같은 제도 안에서 다뤄지는 방식은 그 시대의 더 넓은 사회적 이해에 크게 의존하고 있고, 따라서 특정한 패러다임이 확립되면 새로운 형태의 사회적 통제가 따라올 수 있다.[34] 1980년대, 퀴블러-로스의 죽음에 대한 글이 인기였을 때 말기 환자를 간병하는 사람들은 환자가 책에 묘사된 슬픔의 다섯 단계를 따라갈 것이라고 흔히 예상했다. 예를 들어 환자가 분노에서 수용으로 "이행"하는 것처럼 보이지 않으면 올바른 방식으로 죽음을 향해 전진하고 있지 않은 것처럼 생각한 것이다. 최근에는 죽어 가는 사람들에게 자신의 죽음에 대한 계획 세우기에 참여하라고 압박하고, 그러고 싶어 하지 않는 사람들은 자기 삶의 마지막을 "소유"하지 않는다고 비판하는 흐름이 나타났다. 죽음에 대한 부인을 전복하려고 하는 사람들은 죽음을 공개적으로 논의할 수 있는 죽음 살롱과 죽음 카페를 조직하고 있으며, 어떤 사람들은 "죽음을 긍정하는 대화 게임"을 통해 친구와 가족이 죽음과 죽

어 가는 과정에 관한 어려운 대화를 시작할 수 있을 것이라고 기대한다.[35]

우리는 죽음이 우리에게 "일어날" 것이라는 사실뿐만 아니라 우리가 사랑하는 이들을 앗아 갈 것이라는 사실도 받아들이기 힘들어 한다. 한스 크리스티안 라우싱은 2012년에 죽은 부인 에바의 시신을 두 달 동안 침실 옷더미 아래 감춘 죄로 기소당했다.[36] 에바의 감춰진 시신은 한스가 난폭 운전으로 경찰 단속에 걸렸을 때 우연히 발견되었다. 경찰은 그가 취한 상태임을 인지하고, 그의 차를 수색해 마약과 에바 앞으로 온 우편물들을 찾아냈다. 그의 집을 수색한 결과 에바의 부패한 시신이 발견되었으며 한스는 망자를 제때 제대로 묻어 주지 않는 것을 범죄로 본 오래된 영국 법에 따라 기소되었다.

재판에서 이 부부는 모두 마약중독자였다는 것이 드러났는데, 에바가 마약 복용 후 심장마비로 죽자 한스는 그녀의 죽음을 받아들일 수 없었다. 그는 "그녀가 떠나는 것을 허락"할 수 없었던 것이다. 정신분석학적 관점에서 볼 때 오래된 영국법을 적용한 것은 한스의 부인에 대한 적절한 대응이었다. 한스는 망상에 빠져 에바가 죽었다는 사실을 인정하지 않은 것이 아니었다. 오히려 그는 그녀의 죽음이라는 현실을 말 그대로 보지 않으려고 온갖 짓을 다 했다. 재판에서 변호인이 지적했듯이 한스는 현실을 직면할 수 없었고 또 누구에게도 무슨 일이 일어났는지 도저히 이야기할 수 없었다. 에바의 죽음을 공개적으로 이야기하는 것은 상징적 행동이 되었을 것이고, 당국에 그녀의 죽음을 알리는 것은 한스가 직면할 수 없는 현실을 인정하는 행동이 되었을 것이기 때문이다.

불멸을 선택하기

자신의 죽음이나 사랑하는 사람의 죽음에 대해 부인하는 상태에 들어가는 것이 드문 일은 아니지만 테크놀로지는 이제 그것을 표현하는 최신의 방법들을 제공한다. 여전히 자기 몸을(또는 머리나 뇌를) 미래 어느 시점에 새롭게 만들어진 신체에 주입할 수 있도록 저온 냉각시킬 수 있다고 생각하는 사람들이 있는가 하면, 죽은 사람을 상징적으로 "살려" 두는 새로운 테크놀로지를 이용하려는 사람들도 있다.[37] 예를 들어 어도비 포토샵의 도움으로 노년에 들어서기 전에 또는 심지어 성년이 되기도 전에 죽은 사람의 사진을 "늙게" 만들 수 있다. 따라서 아이를 잃은 사람들은 아이가 나이가 들 때까지 살았다면 어떤 모습이었을지 볼 방법이 생긴 셈이다. 컴퓨터 프로그램을 이용해 죽기 전에 남겨 놓은 녹음으로 새로운 말을 만들어 낼 수도 있다. 이 프로그램은 마치 죽은 사람의 말을 듣는 듯한 착각을 만들어 낸다. 이 프로그램을 만든 사람에 따르면 "오디오-비디오 기록, 음성인식 소프트웨어, 기계 학습을 결합해 세상을 떠난 가족에게 질문을 던지고 대답을 들음으로써 그 사람이 아직도 건강하게 살아 있다는 착각을 만들어 낼 수 있다."[38] 죽은 사람과의 더 복잡한 상호작용은 죽은 사람의 형상대로 만들어진 디지털 아바타의 도움으로 가능하다. 2016년 한국의 장지성씨는 일곱 살 난 딸 나연이를 희귀 난치병으로 잃었다. 하지만 3년 뒤 이 어머니는 온라인 세계에서 딸과 소통할 수 있었다. 인공지능의 도움으로 죽은 딸의 형상대로 만들어진 아바타와 이야기할 수 있게 된 것이다. 어머니는 이 상호작용에서 위안을 얻었다. 그녀는 이렇게 말했다. "나연이를 만났는데 아이가 웃으면서 절 부르는데 아주 짧은 시간이었지만 행복했어요. 제가 늘 바라던 꿈을 꾼 것 같았다니까요."[39] 이런 종류의 소통으로 사람들이 죽은 사람을 애도하는 방식이 바뀔 수 있을까? 아바타와 소통하는 데서 위안을 얻는 사람들은 원래의 인물이 죽은 것을 부인하지 않는다. 자신에게 일어난 일을 무시하지도 않는다. 오히려 가상 세계에서만이라도 사랑하는 사람을 다시 만날 가능성을 받아들이는 것이다. 2장에서 말한, 죽은 아이들이 꿈에도 나오지 않는다고 했던 보스니아 여성이 온라인 세계에서 아이들을 만나면 위안을 얻을 수 있을까? 어떤 사람들은 자신이 잃은 사람의 아바타와 소통하는 데크놀로지의 새로운 가능성에 전율할 수도 있지만 어떤 사람은 이 것을 무시무시하게 생각할 수도 있다. 어느 경우든 잃은 것은 엄연히 잃은 것이다. 설사 아니라는 환상을 품는다 해도 말이다.

5

맹목적 사랑에 빠진 사람들

우리가 누군가를 욕망의 대상으로 삼거나 이상화할 때는 무지가 어떤 역할을 하는 경우가 많다. 따라서 사랑은 맹목적이라고 말해도 틀리지 않을 것이다. 로맨틱하고 숨 가쁜 포옹 속에서 상대를 또렷이 본다면 환상이 깨질 수 있기에 연인들은 열정이 죽지 않도록 눈을 감는다. 그러나 요즘은 사람들이 사랑에 요구되는 자기기만을 다루는 방식에 변화가 생긴 듯하다. 인터넷에서 파트너를 찾는 사람은 자신이 연인에게서 찾는 특징에 관한 긴 설문지를 채워야 한다. 마치 우리의 욕망을 촉발하는 요인을 합리적으로 묘사하는 것이 가능하기라도 한 것처럼 말이다. 비밀 알고리듬이 사람들을 잠재적 파트너와 짝지어 주기도 하는데, 어떤 경우에는 데이팅 앱이 사용자의 호감도를 평가한다. 마치 자신과 타인의 욕망이라는 복잡한 길을 헤쳐 나갈 때 계량적 분석이 도움을 주기라도 하는 것 같다. 사람들이 실제로 관계를 형성하면, 사회관계망, 휴대전화, 온갖 종류의 감시 장치가 연인의 모든 생각과 움직임을 추적하는 것을 돕기 때문에 신비감이 죽지 않도록 유지하기는 더욱더 어려워지는 것 같다. 하지만 사람들은 정말로 사랑이 더는 맹목적이지 않기를 바라는 것일까? 또 사랑은 어떻게 무지와 연결되어 있을까?

사랑 · 증오 · 무지

자크 라캉은 사랑에 관해 말하면서 사랑에서 우리는 가지지 않은 것을 주고(또는 주겠다고 약속하고) 타인에게서 그들이 가지지 않은 것을 구하고 또 본다고 지적한다.[1] 우리는 상대의 "결여"를 덮기 위해 환상을 만들어 내고, 그 환상이 무너질 때 사랑에서 빠져나오거나 사랑을 증오로 대체한다. 사랑과 마찬가지로 증오 또한 우리가 눈감을 것을 요구한다. 가끔 이 때문에 우리는 우리와 증오의 대상 사이의 유사성을 보지 못하기도 하고, 그 사람을 한때 사랑했다는 사실을 잊기도 한다. 사랑에서 빠져나오면서 상대를 바로 미워하기 시작하는 경우는 드물다. 그것은 오히려 우리가 애초에 그 사람에게 끌렸던 바로 그 점이 짜증의 이유가 되고, 마침내 그것을 더는 견딜 수 없게 되고 마는 점진적 과정이다. 학창 시절 한 친구가 같이 커피를 마시다가 갑자기 자신은 어떤 여자와 사랑에 빠지면 그 여자가 커피잔을 들어 올려 천천히 입술로 가져가는 과정이 숭고해 보인다고 말했던 기억이 난다. 그 여자가 커피를 훌쩍이는 소리에 귀를 기울이고 그녀의 몸짓을 관찰하는 것에서 그는 강한 욕망을 느끼곤 했다. 그러나 사랑에서 빠져나올 때는 똑같은 몸짓이 견딜 수 없는 것이 되었다. 로맨스의 출발점에서는 욕망을 일으키던 것이 끝에는 오로지 혐오만 일으켜 그는 눈을 감고 두 손으로 귀를 막고 싶은 충동을 느꼈다.

라캉은 초기 작업에서, 사랑과 증오를 포함한 삼각형에서 세 번째 요소로 무지를 넣었는데, 이 삼각형은 상징계·상상계·실재계와도 관련을 맺는다.[2]

사랑은 종종 상대의 이미지를 이상화하지만 동시에 상징적 인정과도 연결된다. 예를 들어 중요한 기념일을 축하하거나 교량에 사랑의 자물쇠를 채우거나 헌신의 궁극적 상징으로 결혼반지를 교환하는 행동을 통해 자신의 사랑을 알리고 싶어 할 수도 있다. 증오의 경우 한때 애정을 불러일으켰던 상대의 외모 특질이 그를 악마로 만들거나 비인간화하는 데 사용될 수도 있다. 사회관계망에는 그런 이미지들, 즉 이런저런 이유로 인기를 잃게 된 정치인이나 유명 인사가 흉하게 찍히거나 심지어 괴물처럼 보이는 사진들이 가득하다.

사랑과 증오는 어떤 사람에게서 파악할 수 없는 것에 초점을 맞추고 있으며, 따라서 어떤 말이나 이미지로 그것을 압축하든지 간에 그 시도는 실패할 수밖에 없다. 어떤 사람이 누군가를 사랑하거나 미워하는 데에는 아무런 합리적 이유가 없는 경우가 많은데, 그것은 두 감정이 모두 무지에 의존하고 있기 때문이다. 사랑하거나 미워하는 사람이 감정의 대상에 관해 너무 많이 아는 것을 피할 수 있는 전략이 없다면 두 감정 모두 존재할 수 없다. 무시하거나 무시당하는 것도 그 나름의 역할을 한다. 어떤 사람들은 (6장의 인셀들에게서 보게 되겠지만) 자신을 무시한다고 느끼는 사람들에게 분노와 반감을 느끼는 반면, 또 어떤 사람들은 상대가 자신에게 관심을 보이지 않을 때 사랑의 감정이 더 강해진다. 프랑스 정신분석가 미셸 실베스트르가 예리하게 관찰하듯이, 사랑에 빠진 사람이 관심을 가지는 대상에게서 반드시 응답을 듣기를 바라는 것은 아니다. "남자들이 사랑에 관해 쓰기 시작한 이래 미녀가 입을 다물고 있는 시간이 길수록, 그녀가 아예 답을 하지 않는 시간이 길수록 사랑이 더 오래 살아남았던 것은 분명하다."[3]

사랑은 증오로 바뀔 수도 있지만, 증오가 사랑으로 바뀌는 그 역도 가능하다. 무지는 이 역전에서 핵심적인 역할을 한다. 사랑하는 사람이 원래 증오를 일으켰던 이유를 잊거나 무시하고 갑자기 상대를 새로운 눈으로 보기 시작하기 때문이다. 마치 증오에서 사랑으로 전환하게 해주는 새로운 "진실"을 보기라도 하는 것처럼 말이다.

사랑이 증오로 또는 증오가 사랑으로 바뀔 수 있다는 것이 대프니 듀 모리에의 소설 『나의 사촌 레이첼』의 중심 주제다.⁴ 주인공 필립은 부모를 모두 여의고 다정한 사촌형 앰브로즈의 후원으로 살아간다. 필립이 20대에 이르렀을 때 앰브로즈는 병이 들고, 의사들은 그에게 영국의 추운 겨울을 피해 해외에서 시간을 보내라고 조언한다. 피렌체로 떠난 앰브로즈는 그곳에서 아름답고 신비로운 레이첼과 사랑에 빠져 곧바로 결혼한다. 앰브로즈가 필립에게 보내는 편지는 처음에는 레이첼에 대한 감탄으로 가득하다. 그러나 시간이 지나면서 결혼 생활의 모든 게 좋지는 않다는 암시들이 나타난다. 필립은 앰브로즈의 마지막 편지를 받고 그것이 떨리는 손으로 쓴 것임을 알아챈다. 앰브로즈는 자신의 병에 대해 이야기하며 레이첼이 자신에게 독을 먹이려 한다고 비난하면서 필립에게 어서 이탈리아로 오라고 재촉한다. "그 여자가 마침내 내게 그러고 말았다, 레이첼, 내게 고통을 주는 여자."⁵ 필립은 너무 늦게 도착해 앰브로즈를 구하지 못한다. 레이첼은 이미 사라지고 난 뒤였다.

집으로 돌아온 필립은 자신이 사촌의 재산을 물려받은 것을 알게 된다. 레이첼이 방문 계획을 알리자 필립은 앰브로즈의 죽음이 그녀 탓이라고 생각하고 복수를 꿈꾼다. 그러나 그는 서서히 레이첼에게 반해 그녀가 진짜로 앰브로즈를 죽였다고 암시하는 많은 실마리를 무시하기 시작한다. 필립은 레이첼에게 돈과 선물을 퍼붓고, 모든 조언에도 불구하고 재산을 그녀에게 물려주기로 한다. 그녀가 자신과 결혼해 물려받은 것을 둘이 함께 누릴 수 있을 것이라고 생각했기 때문이다.

이 이야기는 사랑의 맹목성을 보여 주는 완벽한 예다. 필립은 완전히 홀려서 열정의 대상 외에는 아무것도 보지 못한다. 레이첼에 대한 분노와 사랑하는 사촌의 죽음에 복수를 하겠다는 욕망은 시간이 지나면서 완전한 흠모로 바뀐다. 레이첼에 대한 앰브로즈의 사랑을 기린다는 자기기만적 구실로 그는 앰브로즈의 편지들에 있었던 경고를 무시한다. 심지어 어느 순간에 이르러서는 앰브로즈의 마지막 편지를 숲속의 돌 밑에 감추기로 한다. 사랑하는 레이첼에 대한 환상을 침해하는 것은 뭐든 자기 삶에서 물리적으로 제거해야 할 것처럼 말이다. 동시에 레이첼의 점점 차가워지는 태도, 과도한 소비 습관, 어떤 이탈리아 친구와의 은밀한 관계도 무시한다.

우여곡절을 거치며 필립은 그녀가 자신을 독살하려는 건 아닐지 두려워하게 되지만 레이첼은 사고로 죽고 만다. 그는 상실감에 사로잡혀 자신이 미워하기도 하고 그만큼 사랑하기도 했던 여자에 관해 확실히 알지 못한 채 남은 생을 살게 된다. 그녀는 정말로 살인자였을까, 아니면 그가 잘못 판단한 것일까?

이 소설 속 두 주인공의 관계에서 우리는 미움·사랑·무지의 작동을 볼 수 있다. 처음에 우리는 레이첼에 대한 앰브로즈의 사랑이 서서히 미움으로 바뀌는 것을 멀리서 보게 되는데, 필립이 무엇이 사실인지 모르면서도 이 미움을 받아들여 자신의 것으로 만드는 것은 그녀가 자신이 사랑하는 사촌형을 앗아 갔기 때문이다. 그다음에 그 자신이 그녀를 사랑하게 될 때에도 무지가 핵심 요인이 되어 미움과 사랑을 중개하는 역할을 한다. 증오의 느낌은 모조리 사라지고, 아무리 정보가 넘쳐 나도 필립이 레이첼을 불신하거나 사랑하지 않게 되는 일은 일어나지 않는다. 욕정이나 사랑의 격통에 사로잡혀 있을 때 앎과 진실은 중요하지 않은 것이 되고, 무시되고, 부인된다.

사랑과 거짓말

셰익스피어는 사랑과 맹목성에 관해 많은 이야기를 했다. 한 소네트에서 그는 묻는다.

> 그대 눈먼 바보, 사랑이여, 그대가 내 눈에 무슨 짓을 했기에
> 두 눈을 뜨고도 보이는 것을 보지 못하는가?[6]

다른 소네트에서는 이렇게 말한다.

나의 사랑이 자신은 진실로 이루어져 있다고 맹세할 때
나는 그녀가 거짓말을 하는 줄 알면서도 그녀를 믿는다.[7]

여기에서 믿는 것은 아는 것보다 우선한다. 믿음과 앎은 공존할
수 있지만 앎은 종종 옆으로 밀려나며, 그래서 연인은 사랑을 유
지해 주는 환상을 보존할 수 있다.

거짓말을 믿거나 진실을 무시하는 것은 사랑의 관계에서는
쉽게 용인되는 부분이기에 파트너를 속이는 사람들은 종종 가능
한 한 오래 자신의 행동을 부인하라는 조언을 듣는다. 가끔 파트
너들은 무시와 강한 부인의 능력으로 관계의 문제를 해결해 나가
기도 한다. 애나와 마이크(둘 다 가명) 부부도 그런 경우였다. 마이
크는 비행기 조종사였고 그래서 자주 집을 비웠다. 애나는 우연히
마이크와 젊은 여승무원 사이에 전자우편으로 오간 연애편지들
을 발견한다. 그녀가 마이크에게 자신이 발견한 것을 이야기하자
마이크는 처음에는 그런 메시지는 전혀 모른다고 주장한다. 애나
가 남편에게 전자우편을 보여 주자 그는 동료들이 자신의 계정으
로 몰래 들어와 장난으로 그런 편지들을 남긴 게 분명하다는 이야
기를 지어낸다. 애나는 처음에는 당연히 이 이야기를 의심하지만

곧 그것을 믿고 자신의 결혼을 망칠 뻔한 무책임한 동료들에게 분노의 화살을 돌린다. 이 예에서 한쪽은 파트너를 속인 것을 부인하고 다른 쪽은 특정한 종류의 믿음을 받아들여 결혼을 깨지 않았다 ── 라캉의 무지에 대한 열정이라는 관념의 또 하나의 변형이 작동한 것이다. 그녀는 진실을 무시했다기보다는 열정으로 남편이 만들어 낸 이야기에 매달렸다. 그래야 그를 떠나지 않고 그들이 함께하는 생활을 유지할 수 있기 때문이다.

그러나 때로는 "진실"의 인정이 파트너가 자신의 행동에 관해 계속 무지의 상태에 남아 있게 하는 방법이 될 수도 있다. 어느 부인은 남편과의 관계에서 뭔가가 잘못되어 간다고 느꼈다. 남편은 집을 자주 비웠고, 집에 있을 때도 문자를 보내느라 바빴으며, 문자 내용을 감추려고 조심했다. 그러다 부인은 남편의 전화를 보게 되었고 남편이 미지의 여자에게 보낸 일련의 메시지를 발견했다. 남편은 부인의 발견에 충격을 받은 것처럼 보였지만 문자를 부인하려 하진 않았다. 대신 이제부터 다른 여자는 만나지 않겠다고 약속했다. 부인은 만족했고 남편은 부인을 달랬다고 생각해 만족했으며, 서서히 그들의 결혼 생활은 정상으로 돌아가는 것 같았다. 그러다 결국 남편이 문자를 보내던 여자는 그가 다른 남자와 바람을 피우고 있다는 사실을 위장하기 위해 꾸며 낸 사람이라는 것이 밝혀졌다. 이는 파트너의 무지를 유지하기 위해 형식적인

"진실"이 만들어진 경우다. 남자는 자신이 남자와 연애 중이라는 진실을 가리기 위한 위장물로서 상징적인 협정, 즉 결혼을 유지하기를 바랐던 것이다.

환상은 우리의 현실 인식을 형성한다. 그래서 우리가 새로운 지식·진실·사실을 발견해도 환상은 좀처럼 변하지 않는다. 무엇보다도 환상이 "현실 세계"가 돌아가는 방식과는 거의 관계가 없기 때문이다. 종종 주체의 환상은 "현실 검증"에 대한 방어막 역할을 할 뿐만 아니라, 자신을 훼손할 수도 있는 해석에 대한 방어막 역할도 한다.[8] 따라서 사랑하는 대상에 관한 진실이나 정보가 아무리 많아도 사랑하는 사람의 인식은 바꿀 수 없다.

나는 다른 사람들에게 누구인가?

부인과 무지는 사람들이 관계의 성공을 바라며 그것을 지탱하는 환상을 유지하기 위해 가능한 모든 일을 할 때 보통 작동한다. 그러나 의도적 무시의 사례들 가운데 우리는 현실에 눈을 감거나 일어나지 않은 일을 상상하는 사람이 아니라, 어떤 것이 사실이 아님을 알면서도 그것이 사실인 척하는 사람을 보기도 한다.

내가 마야라고 부를 소녀에게 이런 일이 벌어졌는데 그녀는 열 살의 어린 나이에 어머니를 암으로 잃었다. 어머니가 죽고 나서 몇 년 동안 그녀의 생일에 아버지는 어머니가 죽기 전에 쓴 것으로 짐작되는 편지를 그녀에게 주곤 했다. 거기에는 마야가 얼마나 잘하고 있는지, 얼마나 어여쁜 소녀인지, 함께 생일을 축하할 수 있었다면 얼마나 그녀를 자랑스러워했을지 이야기해 주는 기분 좋은 말이 가득했다. 마야는 이 편지를 자신이 받을 수 있는 가장 귀중한 선물로 여겼다. 나는 마야가 이 보물을 보여 줄 때 깊이 감동했고 그녀의 아버지가 얼마나 많은 편지를 더 보관하고 있을지 궁금했다. 그래서 나는 아버지에게서 자신이 편지를 썼을 뿐만 아니라 마야도 이 사실을 정확하게 알고 있다는 말을 들었을 때 충격을 받았다. 사실 마야의 어머니는 무덤 너머에서 온 편지로 딸에게 부담을 주고 싶지 않았고, 딸이 죽은 어머니에게서 온 메시지에 시달리는 일 없이 자기 삶을 계속 살기를 바랐다. 그러나 어머니 없는 첫 생일이 지나면서 마야는 어머니라면 생일에 자신을 위해 무엇을 빌어 주었을까 궁금해 어머니가 죽기 전에 편지를 남기지 않았느냐고 아버지에게 물었다. 마야가 생일 때 열어 볼 진짜 편지가 없었기 때문에 아버지는 자신이 편지를 쓸 테니 그것이 어머니가 보낸 편지인 척하자고 제안했다. 마야는 이 제안을 반기며 그 이후 생일에 새 편지가 도착할 때마다 무척 흥분했다. 마야는 아버지가 편지를 쓴다는 것을 아주 잘 알면서도 이 사실을 의도적으로 무시하고 살았다. 아버지의 펜에서 나온 것이기는 하지만 이 편지는 어머니가 자신에게 이야기하고 있다고 상상할 수 있는 공간을 열어 주었다. 이 소녀는 어머니의 사랑을 기억할 수 있었지만 그 상징적 증거를 갈망했다. 가짜 편지는 자신이 죽은 어머니가 사랑하는 사람이라는 사실의 상징적 증표 역할을 했다. 아버지는 이 편지를 쓴 사람으로서 중개자, 이 사랑의 증인 역할을 했으며, 편지는 어머니의 사랑이 유지되게 하는, 끊임없이 갱신되는 계약이 되었다. 『나의 사촌 레이첼』에서 필립은 레이첼에 대한 자신의 사랑에 의문을 품지 않기 위해 앰브로즈의 편지를 감춰야 했던 반면, 마야의 경우 가짜 편지는 어머니 — 그리고 아버지 — 의 사랑을 표현해 준 것이다.

　나는 다른 사람에게 어떤 의미인가, 라는 질문에 우리는 어떤 경우에는 만족스럽고 삶을 긍정하는 답을 할 수도 있지만 또 어떤 경우에는 자멸의 문을 여는 답을 할 수도 있다. 길리어드 나크마니는 아버지가 석 달 전 아침에 출근했다가 다시는 돌아오지 않은 사실로 인한 트라우마로 정신분석가에게 온 열한 살 소년의 사례를 이야기한다.[9] 트라우마적인 이 사건 이후 이 집에서 "아빠"는 결코 입 밖에 내서는 안 되는 말이 되었으며 사라진 남자를 지칭할 때는 격식을 갖춰 "아버지"라는 말만 사용했다. 마치 그의 부재가 상징적 지위마저 바꿔 놓아 "아빠"라는 표현은 존재하는 사람에게만 또 "아버지"는 부재하는 사람에게만 쓸 수 있는 표현이 된 것 같았다.

아버지의 실종은 소년에게 큰 영향을 미쳤다. 학교를 무단결석하기 시작했고 집에서도 말을 듣지 않았다. 어머니는 아들에게 애정을 보이지 않고 대체로 무시해 버렸다. 자신의 애도 때문에 아들 또한 고통을 겪고 있다는 것을 보지 못하고 집안에 아들이 있다는 것 자체에 짜증을 냈다.

어느 시점에 이르자 그녀는 아들에게 치료가 필요하다고 판단했지만, 분석가가 주목했듯이, 첫 상담 때도 너무 바쁘다며 구태여 아들을 따라오려 하지 않았다. 분석가는 소년이 너무 큰 옷을 입어 마치 아버지가 입던 옷을 입은 것처럼 보인다는 점을 눈여겨보았다. 소년의 자세는 노인 같았다. 구부정했고 지쳐 보였으며 발을 질질 끌었다.

소년은 감정 없이 거리를 두고 아버지가 사라진 사건에 관해 이야기했지만, 무의식 수준에서는 자신을 아버지와 깊이 동일시하고 있었다. 그가 학교를 빼먹는 것은 아버지의 실종을 재연하는 것이었으며, 아버지의 옷을 입고 노인처럼 걸음으로써 부재하는 아버지를 체현하려 했다. 그는 처음에는 우울의 징후들을 보여 주었지만, 곧 불안과 죄책감도 드러냈다. 환상과 현실을 구별하는 것도 점점 어려워했다. 아버지는 일을 오래 하는 날이 많았기 때문에 소년은 아버지가 집에 거의 없다는 사실이 화가 나 종종 아버지가 아파서 어쩔 수 없이 집에 오래 머무는 환상을 품곤 했다. 아버지가 사라졌을 때 소년은 자신의 그런 소망이 이루어졌다고, 따라서 자신이 아버지가 사라진 원인이었다고 자책하게 되었다.

분석가는 결론 내렸다. "기본적으로 소년은 스스로 유죄를 인정한 죄인으로서 치료를 시작했다. 아이의 죄책감은 분명했지만 주로 부인의 방식, 그리고 집요하게 '아무런 요구'를 하지 않는 방식으로 그것을 드러냈다. 그는 아무도 필요 없다는 것, 자신이 질기고 확실히 독립적이라는 것을 자랑했다. 그는 아무도 필요치 않았다."[10]

이 정신분석 과정에서 흥미로운 순간은 소년이 분석가의 냉장고에서 몰래 음식을 훔쳐 가고 있다는 사실을 분석가가 알아챘을 때였다. 분석가는 소년의 어머니가 아들을 먹이는 걸 잊고 있다는 사실을 깨달았다. 분석가가 설명을 요청하자, 어머니는 아들에게 먹을 것을 주지 않은 것이 남편이 사라진 것에 대해 아들을 벌하는 방법이었다고 인정했다. 어머니 또한 벌어진 일이 내심 아들 탓이라고 생각했던 것이다. 이는 남편이 자신보다 아들을 더 사랑한다고 느끼는 일이 많았기 때문이었다.

이 분석가의 이야기에서 소년에 대한 분석이 어떻게 진행되었는지, 또 마침내 아버지를 찾았는지는 알 수 없지만 인간관계에서 핵심적인 역할을 하는 부인의 몇 가지 유형을 탐지할 수 있다.

첫째, 아버지의 실종은 (진짜 의도한 것이거나 의도적이었다고 상상할 경우) 가족에 대한 강력한 형태의 묵살로 이해할 수 있다. 그는 신체적으로 가족과의 접촉을 완전히 차단해 버렸기 때문이다. 그는 그들을 무시했고 따라서 그들을 거부했다. 둘째, 어머니는 아들과는 말을 섞지 않고 "아버지"라는 단어를 사용할 것을 고집하면서 이미 벌어진 일에 대처하려 하지 않았고, 아들과 "아빠" 사이의 감정적 연결을 부인했다. 셋째, 어머니와 아들은 서로 고통을 무시했다 ― 심지어 벌을 주기까지 했다. 어머니는 소년에게 관심을 기울이지 않아 먹을 것을 주지 않는 지경에 이르렀으며, 소년은 학교와 집에서 "사라져" 어머니를 "무시"했다.

아버지 실종의 진실이 무시되고 어머니와 아들이 서로의 감정을 무시하는 이 드라마 전체에서 소년은 인정과 사랑을 구했다. 집에서 규칙을 위반하고, 학교에 가지 않고, 아버지 옷을 입고, 심지어 분석가의 음식을 훔침으로써 자기 나름의 방식으로 도움을 요청했고, 다행히도 분석가에게서 그것을 얻었다.

무시하고 무시당하는 것은 우리와 우리 자신의 관계를 포함해 모든 종류의 사랑과 관계에서 분명 핵심적인 부분이다. 정신분석가 루스 임버는 애나의 사례를 이야기한다. 그녀는 늘 무시당한다고 느꼈으며 이 의사 저 의사를 찾아다니면서 다양한 치료법을 찾고 있었다.[11] 그녀는 관심을 갈구했고 자신의 고통을 인정하고 통증을 완화해 줄 의학 전문가를 찾고자 갈망했지만 계속 의사를 바꿔 실제로 그런 갈망이 이루어지는 것은 막았다. 애나는 전통 의학에 만족하지 못하고 대안 요법들을 시도하기 시작했으며, 동종 요법과 침술사, 다이어트 전문가까지 온갖 것을 시도했다. 그리고 이런 식으로 도움을 찾는 일에 지치자 결국 정신분석에 이르러, 고난의 해결책을 찾기를 바라는 동시에 자신에게 진짜로 필요한 변화의 과정을 스스로 저지하는 모든 일을 다시 하고 있었다.

애나는 상담을 받는 동안 삶의 많은 영역에서 무시를 당한다고 불평했다. 그녀는 남편의 형 부부가 부모가 되면서부터 자신을 무시하기 시작했다고 느꼈다. 그녀의 질투와 선망은 단지 가족 관계만이 아니라 자신의 사회적 지위와도 관계가 있었다. 그녀는 이민자로서 어린 시절부터 무시당하고 박탈당했다고 느꼈으며 어머니의 장애에 분노했다. 그녀가 생각하기에 그 장애는 그들이 그녀의 고국과 같은 불행한 환경에서 살지 않았다면 피할 수 있는 것이었다. 더욱이 어머니가 죽기 직전 그녀는 자신이 어머니의 친자가 아니라는 사실도 알게 되었다.

치료 과정에서 애나가 늘 상실과 애착을 두려워했다는 것, 계란을 절대 한 바구니에 다 담지 않는 방식으로 불안에 대처해 왔다는 것이 분명해졌다. 이 의사 저 의사, 이 치료사 저 치료사를 전전했던 것도 버림받는 것을 막는 전략의 일부였다. 불안을 달래고 거부당했다는 느낌을 받지 않으려는 욕망에서 그녀는 늘 먼저 관계를 단절했다. 결국 분석도 그만두었다.

이 사례는 주체가 고난에서 고통 섞인 특정한 주이상스를 발견하는 방식을 잘 보여 준다. 애나는 자신의 삶을 바꾸는 데 도움을 줄 지식을 찾고 있다고 주장했지만 그것을 피하고 무시하기 위해 최선을 다했다. 마침내 분석 과정에서 친모의 상실에 관한 중요한 정보를 제공하기는 했지만, 이 사실과 버림받는 것에 대한 두려움 사이의 관계를 탐사하는 일로 더 깊이 들어가지 않겠다고 결정했으며, 자신에 관한 이런 중요한 사실을 무시함으로써 무시당한다는 느낌은 더 심해졌고, 이것은 그녀의 불행과 자기애 결여로 이어졌다.

사랑에서 무지의 새로운 형태들

온라인 데이팅에서 이미지는 강력한 역할을 한다. 사람들은 데이팅 프로필에서 자신의 이미지를 상당히 고쳐서 사용하거나 더 젊고 더 매력적으로 보이는 옛날 사진을 사용하는 경우가 많다. 온라인 데이팅 플랫폼들이 주로 외모에 초점을 맞춘다는 점을 고려할 때, 사람들이 거짓말을 하고, 오해를 불러일으키는 이미지나

이상화된 이미지를 제시하는 것도 놀랄 일은 아니다. 이런 플랫폼들이 작동하는 방식에서도 사람들의 욕망과 관련된 기만과 무지가 중요하다. 사람들은 일목요연하게 표현할 수 있는 정해진 기준들이 있고 이것이 자신이 바라는 짝을 찾는 데 반드시 도움을 줄 것이라 생각하도록 유도된다. 온라인 데이팅 사이트들은 자신들이 명시한 이런 기준들을 바탕으로 알고리듬의 도움을 받아 사람들을 짝짓는데, 이것은 또 그 나름의 무지를 만들어 낸다. 사용자들이 상대를 인종에 따라 거를 수 있도록 해주는 데이팅 사이트들은 인종적 편견을 강화한다고 할 수 있다. 또 다른 사용자들의 선택을 기초로 짝이 될 가능성이 높은 사람의 프로필을 보내는 "협력적 필터링"을 이용하는 사이트들은 인기가 덜한 프로필을 가진 사람들을 더 불리하게 만들 수 있다.[12] 데이팅 사이트가 작동하는 방식에 대한 연구는 알고리듬을 통해 받는 제안이 사용자의 행동에 상당한 영향을 준다는 사실을 보여 주었다. 만일 데이팅 사이트가 두 사람이 맞지 않는다고 예측하면, 맞다고 예측했을 때보다 이들의 상호작용은 성공적이지 못할 가능성이 크다. 따라서 그런 제안은 많은 경우 좋은 짝을 발견하는 것을 돕기보다는 선택지를 제한한다. 온라인 데이팅 연구자들은 또 사람들의 욕망이 무의식적이라는 점에 주목했는데, 이 때문에 사람들은 자신에게 제시되는 것에 영향을 받을 수도 있지만 예상치 못한 것에 훨씬 더 자극을 받을 수도 있다.[13] 관습적인 데이팅 사이트의 알고리즘도 예상 외의 긍정적 만남을 경험하기 어렵게 만들지만, 어떤 사람의 호르몬과 신경전달물질이 잠재적 파트너와 얼마나 맞는지 예측하는 데 유사심리학적 검사를 이용하는 케미스트리 같은 데이팅 사이트에서는 그런 경험의 가능성이 훨씬 줄어든다.

기존 데이팅 앱들의 알고리즘이 사람들의 욕망을 예측하려고 한다면, 새로운 범주의 앱들은 인공지능을 이용해 문자메시지를 분석함으로써 사람들이 서로의 로맨틱한 의도를 이해하는 데 도움을 주고자 한다.[14] 이것은 사람들에게 자신과 다른 사람들의 감정을 예측하고 통제할 수 있다는 느낌을 주기 위해 기획된 것이지만, 물론 현실과는 동떨어진 것이다. 사랑을 더 쉽게 찾도록 도와준다고 하는 앱들뿐만 아니라, 사랑하는 사람의 관심을 끌기 위해 무지를 가장하는 방법, 너무 열성적인 것처럼 보이지 않는 방법, 잠재적 파트너를 쫓을 때 감정을 억제하는 방법을 가르쳐 주는 자기 계발 전문가도 있다. 다음 장에 나오는 작업 전문가의 사례에서 보듯이 무시와 극기는 연애 관계에서 완벽하게 다듬어야 할 궁극적 기술로 소중하게 여겨진다.

하지만 그 모든 앱들과, 자기 계발적 조언들, 그리고 그런 것들이 알려 주는 다양한 소통 방식들에도 불구하고 관계는 더 쉬워지지 않는다. 아마도 다른 사람들을 감정적 통제의 수단으로 무시하라고 강조하는 것도 한 가지 이유일 것이다. "유령 만들기"가 그 분명한 예인데, 이것은 새로운 테크놀로지와 관련된 비교적 최근의 현상이다. 유령 만들기는 개인적 관계가 끝이 나면서 한 사람이 갑자기, 아무런 설명도 없이 모든 소통을 단절하는 것이다. 전화도 받지 않고 문자메시지에도 응답하지 않는데, 유령 취급을 당하는 사람은 이유를 전혀 모른다. 그들은 무력하고 거부당하고 무시당한다. 이와 대조적으로 유령 만들기를 하고 있는 사람은 통제권을 쥐고 있을 뿐만 아니라 다른 사람의 감정에 대한 무관심을 매우 강력하게 표현한다.

틴더를 비롯해 이와 비슷한 데이팅 앱들은 설계에 무관심의 한 형태가 내장되어 있다. 사람들은 자신이 관심 없는 사람은 쓸어 넘겨서 금세 시야에서 사라지게 할 수 있다. 이 간단한 쓸어 넘기기 기제 뒤에는 각 사용자에게 그 나름의 "호감도" 점수를 부여하고 그 점수에 기초해 가능한 짝을 제시해 주는 정교한 알고리듬이 깔려 있다. 컴퓨터게임을 하는 사람들이 점수가 더 높은 사람과 게임을 하면 더 많은 포인트를 획득하는 것처럼 틴더 가입자는 더 높은 등급의 사람과 짝을 이루게 되면 "호감도" 점수가 늘어난다. 틴더를 이용해 온 한 저널리스트는 이 비밀 등급 체계가 어떻게 작동하는지 탐사하기 시작했다. 그는 틴더에 자신의 개인 점수를 보여 달라고 요청했다. 그는 자신이 틴더에서 가장 호감도가 높은 남자들 축에 속할 것이라고 예상하고 있었기 때문에 자신의 등급이 "평균 가운데 상위"에 불과하다는 것을 알고 실망했다.[15] 결국 그는 자신의 점수를 모르는 게 나았을 것이라고 후회했다. 점수가 그의 에고를 떠받쳐 주지 않았기 때문이다.[16]

틴더를 비롯한 비슷한 온라인 데이팅 사이트들은 우리가 타인에게 어떤 종류의 욕망의 대상이 될 수 있을까 하는 오래된 문제를 둘러싼 새로운 딜레마를 보여 준다. 프랑스 정신분석가 클로틸드 르길이 지적하듯이 이 데이팅 사이트들은 "요구의 현장"이 되어 가고 있다.[17] 사람들은 자신이 알지 못하는 타인에게서 의식적이고 무의식적인 욕망을 충족시켜 줄 어떤 것(인정·사랑·승인)을 요구한다. 하지만 익명의 대화자로부터 자신이 찾는 것을 받지 못하면 분노와 실망이 찾아온다.

타인을 사랑하게 되는 과정은 아주 복잡하고 어려운 일이기 때문에 선진국에서 생명이 없는 대상에 감정적 애착을 가지는 사람들이 늘어나는 것도 놀라운 일은 아니다. 어떤 사람들에게는 섹스 로봇이 인간 파트너를 대체하고 있다. 어떤 사람들에게는 컴퓨터 아바타가 즐길 만한 동반 관계를 제공한다. 심지어 구식의 조각상도 강한 애착을 자극할 수 있다.

2007년, 런던 시내 곳곳에 전시된 앤터니 곰리의 공공 설치미술 〈이벤트 호라이즌〉이 막을 내렸을 때 이 점은 분명하게 드러났다. 전시 석 달 동안 조각상들이 건물 지붕에 서있고, 다리에 매달려 있고, 예기치 않은 공공장소에서 튀어나오자 사람들은 쇼가 끝나면 이 형체들에 무슨 일이 생길지 걱정하기 시작했다. 그들은 물었다. 이 조각상들은 쓸쓸한 창고에 잊힌 채 누워 있게 될 것인가? 파괴될 것인가? 다른 배경에서 사용될 것인가? 곰리의 조각상들의 운명을 깊이 걱정한 사람들은 블로그에 이 조각상들을 위해 가능한 최고의 미래를 상상하는 시나리오를 쓰면서 위로를 얻었다. 이 블로거들의 제안을 보면, 조각상들이 공원이나 미술관 같은 곳에 반드시 함께 있어야 한다고 강조하는 경우가 많았다. 오스트리아의 미술가 페터 알트는 1990년대 말 조각상들의 외로움을 걱정하는 비슷한 불안에 다가가, 오스트리아의 여러 다리에 있는 역사적인 성자 조각상들을 딱 하루 동안 함께 모아 놓기로 결정했다. 알트는 오랫동안 여러 주 당국에 허가를 요청해 일부 조각상들이 잠깐이기는 해도 한 공공장소에서 서로를 만날 수 있었다.

조각상들이 어떻게 그런 강한 감정을 일으킬 수 있을까? 왜 어떤 사람들은 곰리의 〈이벤트 호라이즌〉 기획의 조각상들을 보며 또 그들의 미래의 외로움을 상상하며 불안을 느꼈을까? 외로움이 늘고 있는 오늘날의 매우 개인화된 사회에서 어떤 이들은 외로운 조각상들에 관한 논의에서 자신의 고통스러운 감정을 물질적 대상에 투사하는 길을 찾을 수도 있다. 그들은 다른 사람들과

2007년 런던 시내에 설치된 31개의 앤터니 곰리의 조각상들 중 템즈강 옆 건물에 설치된 조각상 (왼쪽)과 매디슨 스퀘어를 내려다보고 있는 조각상(오른쪽). 조각상들은 모두 곰리 자신의 몸을 본뜬 것이었다.

함께 조각상이 버려지는 것을 막는 방법을 궁리하면서 자신들의 고독에서 빠져나오는 첫걸음을 떼었던 것이다.

생명이 없는 대상을 사랑하는 것은 무시당한다는 느낌과 싸우는 사람들에게도 도움이 될 수 있다. 로봇은 어떤 사람들에게 진짜로 외로움의 해결책이 될 수 있다.

다니엘 나포와 로코 로 보스코 두 작가는 플라스틱 인형을 사랑해 온라인 커뮤니티 아이돌레이터를 자주 찾는 사람들과 인터뷰를 했다. 데이브캣이라는 사람은 자신의 인형들이 "아름답고 심판하지 않는 사람들이며 집에 가면 늘 거기 있기" 때문에 어떤 위로가 된다고 고백했다.[18] 이 남자에게 인형을 잃는 것은 "수족을 잃는 것"과 같은 느낌일 것이다. 하지만 그는 인형들과 함께 집에서 조용히 생활하는 데 만족한다고 하면서도 친구들에게 자신의 열정에 관해 이야기할 수 없다고 불평한다. 다른 사람들이 자신의 애착을 이해하지 못하고 자신을 가혹하게 심판할 것 같아 걱정되기 때문이다. 사람들이 인간과의 동반 관계를 인형이나 로봇과의 관계로 바꾼다 해도 "나는 다른 사람들에게 어떤 의미인가?", "다른 사람들은 나를 어떻게 볼까?" 같은 근본적인 문제들은 계속 우리를 따라다니며 괴롭힐 것이다.

어떤 사람들은 인형이나 로봇과의 관계에서 만족을 구할 수도 있지만, 로봇 설계자들은 로봇이 인간에게 그다지 관심이 없는 것처럼 보여야 오히려 사람들이 더 강한 매력을 느낀다는 것을 알고 있다. 2012년 우아한 젊은 숙녀처럼 보이는 로봇 인형이 도쿄의 한 백화점에 배치되었다. 그녀는 의자에 앉아 "스마트폰을 보면서" 자신을 보러 온 "수많은 방문객을 대체로 무시했다." 인형은 전화기의 문자에 반응하는 것처럼 다양한 감정들을 보여 주었고, 이따금 고개를 들어 구경꾼을 쳐다보며 미소 지었다. 이 로봇을 만든 이시구로 히로시는 로맨틱한 사랑 같은 인간의 감정이 자극에 대한 반응에 불과하며 따라서 조작 가능하다고 믿는다. 그는 압축공기를 이용해 관절의 작동을 완벽하게 조절하고, 인형의 기계적 눈썹의 곡선이 부드럽게 움직이도록 하고, 그녀가 다양하고 섬세한 표정을 짓게 하면 "우리와 완벽하게 조작된 유대"를 형성할 수 있을 것이라는 희망을 품고 있다.[19] 이시구로의 인형은 스마트폰을 보고 사람들은 그것을 관찰한다. 그는 사람들이 그녀가 자신들의 메시지를 읽고 있다고 상상하면서 자신들의 감정을 그녀에게 투사하고, 그녀와 유대를 형성하고, 심지어 그녀를 사랑하게 되기를 바란다. 그러나 아무리 완벽하게 설계된 로봇이라 해도 사람들의 무의식적 환상을 완전히 자극하거나 통제한다는 것은 절대 상상할 수 없는 일이다.

6

무시에 대한 두려움

인셀부터 사칭자까지

오스카 와일드는 『도리언 그레이의 초상』에서 이렇게 말한다. "세상에는 사람들 입에 오르내리는 것보다 나쁜 것이 딱 한 가지가 있다. 그것은 사람들 입에 오르내리지 않는 것이다." 많은 사람이 항상 감시와 통제를 당한다고 느끼는 이 쉽 없는 감시의 시대에도 여전히 자신이 특정 집단으로부터 인정받지 못하거나 사회 전체로부터 무시당한다고 걱정하는 사람들이 있다. 개인주의를 강조하고 유명 인사를 숭배하며 거기에 소셜 미디어의 유행이 결합된 탈산업사회는, 눈에 띄어야 한다고 개인들을 점점 더 압박한다. 또 집단에서 도드라지고, 자기 홍보에 능하며, 올린 글의 "좋아요"와 공유 횟수 같은 형태로 타인으로부터 인정받아야 한다고 엄청나게 강조한다. 사적인 것을 이렇게 직업으로 만드는 경향의 궁극적 표현이 소셜 미디어 인플루언서의 등장인데, 이런 사람은 자신의 프로필과 온라인에서 얻은 권위로 다른 사람에게 영향을 미친다. 또 하나의 표현은 조언이나 코칭을 해주는 거대 산업의 등장으로, 이것은 사람들을 더 생산적으로 만드는 데 초점을 맞출 뿐만 아니라 다른 사람을 조종하는 것을 장려하고 무자비하게 목적을 추구하는 방법을 가르친다.

　요즘 우리는 남들에게 매력적이고 자신에게 기분 좋은 이미지나 공적 페르소나를 스스로 자유롭게 만들어 낸다. 하지만 자신의 이미지를 만들 수 있다는 것의 단점은, 손질을 해서라도 어떤 수준의 완벽함에 이르고 어떤 이상에 일치해야 한다는 압박을 받을 뿐만 아니라, 그 이상에 맞춰 살지 못할 때는 필연적으로 불만족을 느끼고 다른 사람들로부터 심판을 받을지도 모른다는 불안에 사로잡힌다는 점이다. 이미지와 현실 사이의 이런 괴리로 인해 사람들은 "탄로 날 것"이라는 두려움을 가질 수도 있다. 거꾸로 자신이 창조한 페르소나에 대한 긍정적 피드백을 받지 못하고 "좋아요"와 "팔로우"를 얻지 못하면 자신을 제외한 모든 사람을 인정하고 승인해 주는 듯한 세상으로부터 무시당한다고 느낄 수 있고 심지어 화를 낼 수도 있다. 이런 딜레마는 사칭자 증후군[가면 증후군]impostor syndrome으로 고생하는 사람과 이른바 인셀 운동에 동질감을 느끼는 사람을 비교해 보면 잘 드러난다. 두 경우 모두 우리가 다른 사람들에게 인정을 받거나 받지 못하는 것과 관련된 어떤 근본적인 면을 포착하게 해주는 비교적 새로운 현상이다.

　현대사회는 겉으로 드러나는 이미지, 맺어야 하는 관계, 이상적인 생활 방식 등에 대해 완전히 비현실적인 관념을 갖도록 조장하며, 이런 이상에 따라 살지 못할 경우 표준 이하의 삶을 살고 있다고, 또 모욕과 무시를 당한다고 느끼게 만든다. 사람들은 과거와 비교할 때 크게 확장된 사회적 환경 속에서 살아간다. 과거에는 사회적 상호작용이 실시간으로 신체적 상호작용을 할 수 있는 사람들에게 국한되었지만, 이제는 소셜 미디어 때문에 상황이 달라졌다. 가상의 상호작용과 인정은 과거와는 성격이 완전히 다르기 때문에 사람들이 자신에 대해 갖는 느낌, 또 인정받거나 무시당한다는 느낌도 과거와 달라졌다.

새로운 거울

아주 어린아이들의 경우 거울에 비치는 모습에서 자신을 알아보지 못한다. 심지어 자기가 비친 모습이 이미지라는 것을 모르고 다른 아이라고 생각한다. 자기 인식은 자연스럽게 또는 자연발생적으로 일어나지 않는다. 이런 인식이 일어나려면 언어, 문화, 특히 타인이 필수적이다. 보통 아이가 가장 애착을 느끼는 사람이 거울 속 이미지와 아이가 일치한다고 설명해 준다. "아가야, 저게 너란다!" 어머니는 이렇게 말하며 거울에 비친 이미지를 가리킨다. 하지만 아이는 이 이미지를 자기 인식과 연결하는 데 어려움을 겪을 것이다. 아이의 재바르지 못하고 약한 몸은 거울에 비친 단단하고 침착한 모습과 어울리지 않는 듯하다.

지금까지 이 책에서 논의한, 현대인의 자기 인식 방식에서 일어난 변화로 인해 어떤 사람들은 거울에 비친 자신을 인식하는 데 점점 어려움을 겪게 되었다 — 어떤 경우에는 비유가 아니라 말 그대로 어려움을 겪는다. 일본의 정신분석가 후쿠다 다이스케는 거울에 비친 자신의 모습 앞에서 불안을 겪는 내담자에 관해 이야기한다. 이 여자는 근처에 있는 모든 거울을 깨고 싶은 충동을 느꼈다. 그녀는 반사하는 표면을 부숨으로써 자신의 이미지를 관찰할 때 느끼는 불안을 덜어 내고 싶어 했다.[1]

거울 공포증이라고 알려진 이 증상은 새로운 것이 아니지만 그런 고통스러운 반응의 발생이 지난 수십 년에 걸쳐 발생한 변화와 어떻게 연결되는지는 따져 볼 만한 일이다. 다른 모든 자본주의사회도 마찬가지지만 최근 일본은 미용 산업이 상당히 성장했다. 다른 나라도 대부분 그렇지만 일본의 여자들도 나이와 관계없이 많은 공공장소에서 자신과 비교되거나 자신이 갈망하는 여성적 아름다움의 이미지를 제시하는 광고에 압도당하고 있다.

이와 같은 외모에 대한 불안에서 나온 심각한 심리적 표현들을 문화나 이데올로기와 직접적으로 연결 지을 수도 없고, 모든 여성이 거울을 깨고 있다거나 모두가 똑같은 이유로 자기 몸을 바꾸려 한다고 주장할 순 없겠지만, 곧 보게 되듯이, 문화가 어느 정도 영향을 미치는 것은 사실이다. 또 이상화된 이미지들의 일제사격은 필시 여자들에게 영향을 미치는데, 다만 불안을 표현하는 증상이 각자 독특하게 개별화된 방식으로 나타나는 것일 뿐이라고도 볼 수 있다.

아주 어린 시절부터 우리가 거울 속의 자신을 바라보는 방식은 주변 사람들과 문화 전반의 영향을 받는다. 몸의 변화에 대한 사회적 인식이 바뀌면 우리는 다른 방식으로 자신을 보게 된다. 수지 오바크는 『몸에 갇힌 사람들』에서 문화적 환경이 다를 경우 나체·몸무게·아름다움을 다르게 인식한다는 것을 보여 준다. 그러나 그녀는 동시에 이런 환경이 무의식적인 방식으로 우리에게 흔적을 남긴다고 말하는데, 그래서 어린 시절 몸에 대해 특정한 태도를 형성하게 된 경우 다른 사회적 맥락에서 살게 될 때 변화에 어려움을 겪을 수도 있다.[2]

인스타그램과 페이스북을 비롯한 여러 소셜 미디어는 온라인 거울 단계를 만들어 놓았고, 이는 자기 인식의 새로운 문제들을 낳았다. 우리는 자신을 마치 하나의 브랜드처럼 끊임없이 홍보해야 하고 항상 세상에 자신의 가장 좋은 모습을 보여 줘야 한다는 압박에 시달릴 뿐만 아니라, 모두가 사회적 가시성을 추구하는 과정에서 타인을 의식할 수밖에 없다. 다른 사람들의 포스트에 '좋아요'를 누르고 공유하는 것은 우정의 새로운 대가가 되며, 상대도 자신을 좋아하고 인정할 것이라는 기대를 품게 된다. 나는 다른 사람을 좋아하고 인정하는데 상대가 무시하면 상당한 심리적 고통이 생기고, 극단적이면 이런 고통으로 인셀처럼 깊은 분노와 폭력 행동이 나타날 수도 있다.[3]

무시당하는 "베타 남성"

어떤 식으로든 사회적 인정의 사다리에서 성공을 거둔 사람들과 성공하지 못했다고 느끼는 사람들의 불만은 역설적으로 비슷한 패턴의 자기비판으로 나아가는데, 이것은 종종 공격성 ─ 자신을 향할 수도 있고 타인을 향할 수도 있는 ─ 과 결합된다. 개인주의, 삶의 경제화, 성공을 찬양하는 분위기에서 한 사람을 무시하는 것은 그 자체로 공격 행위로 볼 수 있으며, 이것이 무시당한 사람에게서 공격적 반응을 촉발하는 것은 당연하다. 이른바 외톨이 늑대가 저지르는 폭력의 많은 사례에서 그런 짓을 저지른 사람은 자신이 무시당한다고 느꼈고, 폭력이 자신을 무시한 사람들에 대한 복수인 동시에 자신이 갈망하던 관심을 얻을 방법이라고 보았다고 말한다. 어떤 공격자들은 자신의 자취를 남기고 싶은 마음에 유튜브 비디오나 성명서를 포스팅한다. 공격자가 소셜 미디어를 이용해 계속 무시당하는 것을 참지 않을 것이며 무고한 피해자의 목숨, 또 심지어 자신의 목숨을 끊을 것을 고려하고 있다고 공중에게 알리는 경우는 아주 흔하다. 이 정도는 그렇게 오랫동안 갈망하던 관심을 마침내 얻을 수 있을 때 지불해도 좋은 대가라는 것이다. 프랑스 정신분석가 페티 벤슬라마는 테러리즘 분석에서 테러리스트의 공격 이후에 그들의 이미지를 공개하지 말라고 프랑스 매체에 촉구했다. 그런 인정과 주목은 다른 사람들이 관심을 끌기 위해 비슷한 범죄를 저지르도록 부추길 수 있기 때문이다.[4]

인터넷은 정치적 이유든 개인적 이유든 자신이 무시당하고 있다고 주장하는 사람들이 특별한 종류의 인정을 받을 수 있게 해준다. 스스로 인셀이라 밝히면서 호감 가는 여자들이 자신을 무시하기 때문에 섹스를 할 수 없다고 주장하는 남자들 역시 무시당한다는 느낌으로 인해 극단적인 행동을 하는 한 예다. 그들은 비자발적 금욕 상태다. 여기서 금욕은 스스로 선택한 것이 아니라, 성공과 매력에 대한 특정한 이상을 소중하게 여기는 사회로부터 무시당한 결과다. 인셀은 잘생긴 외모와 성취 때문에 여자들과 잘 지내는 남자들을 "채드"라고 부르고, 아름답고 호감이 가는 여러 속성을 갖춘 여자들을 "스테이시"라고 부른다. 별로 여성적으로 보이지 않아서 인셀들에게 덜 매력적으로 보이는 여자들은 "베키"다.

인셀은 특정한 생물학적 특징이 있어야 남자가 여자의 마음을 끌 수 있다고 믿는다. "뼈 겨우 몇 밀리미터 밈▮에서 가장 두드러진 얼굴 특징인 턱이나 하관 전체가 많은 인셀 공동체에서 특히 집착하는 부분이다. 여자들이 턱이 두드러진 남자에게 생물학적으로 끌리고, 턱이 약하거나 윗턱이 튀어나온 남자들은 혼자 살아야 할 운명이라고 믿기 때문이다."[5] 이상화된 채드는 매우 강력한 남자이고, 인셀은 감탄과 혐오가 섞인 태도로 채드에 관한 글을 쓴다. 그는 알파 남성이고 근육질이고 잘생겼고 성공한 남자다. 호감 가는 여자, 이른바 스테이시는 이런 종류의 남자에게 불가항력적으로 끌리는 반면, "베타 남성"인 인셀에게는 눈길도 주지 않는다. 인셀이 섹스를 못하는 원인으로 지목되는 알파 남성에 대한 이 시끄러운 이야기를 들으면 묘하게도 프로이트가 말한 어떤 원시 집단의 신화가 떠오른다. 이 무리에서 아들들은 모든 여자를 독차지하고 있는 강력하고 원시적인 아버지 때문에 여자들에게 다가가지 못한다고 불평한다.[6] 프로이트의 이야기에서 남자들은 원시의 아버지를 죽인 뒤 즐거움을 얻는 게 아니라 오히려 죄책감에 시달린다. 반면, 여자들을 향한 인셀들의 공격성의 경우 실제

▮ 뼈 몇 밀리미터의 차이가 인기 있는 남성 채드와 인기 없는 인셀을 가른다는 밈.

폭력에서건 상상의 폭력에서건 죄책감은 보통 결여돼 있다.

인셀들이 섹스를 할 수 없는 것에 대한 분노를 표현하는 온라인 게시판들에는 남자들이 자신을 무시하는 여자를 벌하는 방법에 대한 충격적일 정도로 생생한 묘사들이 올라온다. 여자들이 자신을 눈여겨보게 만드는 방법에 관한 인셀의 아이디어들은 윤간에 대한 환상에서부터 들키거나 체포당하지 않고 공공장소에서 여자들을 따라다니는 방법에 대한 조언에 이르기까지 다양하다. 여자를 따라다니는 흥분은 어느 시점에 그 여자가 자신을 쫓는 남자를 눈치챌 수밖에 없을 것이라는 사실과 연결돼 있다.

인셀의 온라인 커뮤니티에서 전개되는, 호감 가는 여자들로부터 관심을 얻는 방법에 대한 잔인한 환상들은 실생활에서 자신의 접근에 우호적으로 반응하지 않는 여자들을 모욕하고 겁주려는 욕망을 반영한다. 여자를 스토킹하거나 윤간하는 환상은 인정에 대한 비틀린 욕망을 표현하는데, 이것은 1990년대 보스니아에서 전시에 일어났던 진짜 강간을 떠올리게 한다. 세르비아 병사들은 보스니아 여자를 강간하면서 여자의 아버지나 남편을 현장에 붙들어 두었다. 사랑하는 사람에 대한 공격을 막지 못하는 무력함과 무능력에서 오는 모욕감을 느끼게 하려 했던 것이다.[7]

인셀의 다수는 그런 환상을 즐기는 일을 온라인 플랫폼으로 한정하지만, 최근 몇몇이 공공장소에서 극단적이고 살인적인 폭력 행위를 저질렀다. 가장 잘 알려진 것이 엘리엇 로저 사건인데, 그는 2014년 캘리포니아 대학교 샌타바버라 캠퍼스 근처에서 여섯 명을 죽이고 열네 명을 다치게 했다. 로저는 살인 행각 중 자신의 유튜브 채널에 "엘리엇 로저의 복수"라는 제목의 영상을 올리고 인정받고 싶은 욕망을 묘사한 성명서를 전자우편으로 보냈다. 로저는 자신이 특권층 출신이지만 여자들이 자신의 가치를 알아보지 못해 평생 거부당한다는 느낌에 시달려 왔으며 한 번도 기분 좋은 적이 없었다고 주장했다. 그렇게 여자들에게 무시당한 결과 "여자에 대한 전쟁"을 시작하기로 한 그의 계획은 캠퍼스에서 가장 매력적인 여자들, 자신이 여자에게서 혐오하는(욕망하는) 모든 점을 보여 주는 유명 여학생 클럽 회원들을 노리는 것이었다. 그들은 금발에 아름답고 응석받이이고 무정하고 못돼 먹은 "나쁜 년들"로, 그는 그들을 벌주고 그렇게 함으로써 자신이 우월하다는 것, 진짜 알파 남성이라는 것을 보여 주려 했다. 로저는 경찰에 잡히기 직전 자살했다.

로저는 죽은 뒤 많은 인셀들에게 영웅으로 칭송받았으며, 일부는 자기 나름의 폭력 행위로 그를 모방했다. 2018년 봄, 알렉 미나시안은 빌린 밴을 몰고 혼잡한 토론토 시내 보도를 덮쳐 열 명을 죽이고 열네 명을 다치게 했다. 미나시안은 온라인에서 공격을 알리면서 엘리엇 로저에게 찬사를 보내고 이렇게 덧붙였다.

"인셀 반란은 이미 시작됐다! 우리는 모든 채드와 스테이시를 쓰러뜨릴 것이다! 모두 최고의 신사 엘리엇 로저를 찬양하라!" 또 2018년 가을, 탤러해시의 한 요가 스튜디오에서 스스로를 인셀이라 규정한 스콧 P. 베이얼은 두 사람을 죽이고 다섯 명을 다치게 했다.

인셀 운동에 공감하는 사람들은 만일 여자들이 이 남자들과 기꺼이 섹스를 했다면 폭력을 피할 수 있었을 것이라고 주장한다.[8] 이것은 그야말로 터무니없는 진술이며, 사실 "인셀"이라는 말 자체가 부적절한 명칭이다. 이 온라인 공동체의 가장 활동적인 구성원들은 관계를 맺을 수도 있는 여자들을 적극적으로 찾아다니는 것 같지 않기 때문이다. 오히려 그들은 이성과 관계를 맺지 못하게 만드는 장애를 점점 더 많이 찾아내는 동시에 여자들이 자기를 무시하는 것이 얼마나 부당한지 큰소리로 떠드는 데서 특별한 즐거움을 맛본다. 인셀은 또 섹스를 하고 싶은 종류의 여자에 대한 비현실적인 이상을 갖고 있다. 그들은 섹스를 해본 적이 없는 여자들 외에는 누구하고도 섹스를 하고 싶어 하지 않는다. 잠재적 파트너가 자신을 다른 사람과 비교하거나 자신과 함께 있는 것 외에 다른 대안을 선택할 수도 있다는 생각을 견딜 수가 없기 때문이다.

인셀들은 스테이시가 알파 남성에게만 관심을 가진다고 떠들어 대지만, 인셀 고정관념에 따르면 스테이시는 매력적이고 응석받이이고 성공을 거둔 동시에 난잡하기 때문에 그들을 원하는 동시에 경멸한다. 스테이시의 이른바 한없이 난잡한 상태에 대한 경멸은 그들을 손에 넣을 수 없다는 사실 때문에 더 자극을 받는다. 이런 이른바 난잡한 상태와 손에 넣을 수 없는 상태 때문에 인셀은 동정녀인 동시에 자신들은 차지할 수 있지만 다른 사람들은 차지할 수 없는 여자, 이제까지 다른 남자에게는 속한 적이 없고 앞으로 한 남자에게만 속할 여자에 대한 환상을 만들어 낸다. 이것은 무지와 혐오에서 태어난 가부장적 이상으로, 여자를 아무런 의지나 자유가 없는 소유물로 보며, 자신은 무시당한다고 느끼면서 다른 사람들의 현실은 무시하는 위험한 상태를 반영한다.

무지의 게임

여성에게 무시당한다고 느끼는 남자들은 대다수가 이런 극단적인 방법에 의지하는 대신 연애 산업이 제공하는 조언으로 방향을 튼다. 이 산업은 남자들에게 여자와 섹스할 수 있도록 여자의 관심을 얻는 방법을 가르쳐 주겠다고 주장한다. 유혹의 기술에서 핵심적 역할을 하는 것은, 여성의 관심과 욕망을 자극하는 전략이자 조종술로서의 무시다.

연애 산업과 다양한 작업 전문가 온라인 게시판에서 컬트적 지위를 차지하고 있는 닐 스트라우스의 『더 게임』에서는 남자가 적극적 무시나 무관심 전술을 자신에게 유리하게 사용하는 방법을 요약한 시나리오를 발견할 수 있다.[9] 두 여자와 이야기를 나누는데 그중 매력적인 한 여자에게 관심이 갈 경우 오히려 다른 여자에게 과하다 싶은 관심을 드러내고 관심의 대상이 되는 데 익숙한 여자는 무시하라고 조언한다. 이렇게 하면 매력적인 여자의 관심을 자극해 그녀는 왜 그가 자신을 무시하는지 궁금해 하기 시작한다는 것이다. 바에서 혼자 있는 매력적인 여자가 눈에 들어온 남자에게는 무시와 약간의 비판을 섞으라고 조언한다. 여자에게 다가갈 기회가 생기면 "정말 예쁜 드레스를 입고 계시군요. 그 색깔 덕분에 아름다운 눈이 돋보이네요" 같은 긍정적인 말을 해야 한다. 그러면 여자는 웃음을 지으며 칭찬에 고마워하겠지만, 아마 그에게 큰 관심을 기울이지는 않을 것이다. 그 시점에 남자는 "그런데 안됐군요, 머리 스타일이 전혀 도움이 안 되네요" 같은 약간의 비판으로 여자를 놀라게 한다. 이런 비판을 전달한 다음에는 고개를 돌리고 무시하는 척해야 한다. 작업 전문가의 이론에 따르면 많은 여자가 그런 비판에 자극 받아 남자에게 그 말이 무슨 뜻이냐고 물을 기회를 찾게 된다. 그러나 상식적으로 보면 많은 여자들은 그를 완전히 무시해 버리거나 꺼지라고 할 것이다.

이런 종류의 조언이 실행에 옮기려 하는 라캉의 이론은, 여성의 욕망을 자극하는 것은 보통 타자의 욕망이며 이런 과정에서 핵심은 여성이 "나는 '타자'에게 누구인가? 다른 사람들은 나를 어떻게 보나? 나는 어떤 종류의 대상인가?" 하고 자문하는 데 있다는 것이다. 여자는 남자의 논평에 대한 설명을 바라기 때문에 남자를 주인의 자리, 어떤 것을 안다고 여겨지는 사람의 자리에 놓으려 한다. 그렇다고 이 지점에서 여자가 남자를 욕망하기 시작한다는 게 아니라, 다만 그에게 관심을 가지기 시작할 만큼 자신에 관해 불확실해진다는 것이다.

연애 산업은 자본주의의 전제들과 더불어 선택, 자기 계발, 24시간 지속되는 일이라는 관념들에 의지하고 있다. 유혹의 전략은 새로운 것이 아니고 역사는 남녀가 서로에게 더 매력적으로 보이는 것을 돕는 참고서로 가득하지만, 현대의 유혹 운동은 코치, 대대적인 홍보가 이루어지는 도서들, 강좌, 훈련, 특정 유혹 기법의 성공을 증언하는 비디오에 기대 하나의 산업을 창조해 놓았다. 이런 수익성 높은 사업 뒤에 놓인 생각은 열심히 노력해서 적당한 기법을 배우고 그것을 실행에 옮기는 데 시간을 충분히 투자하기만 하면 어떤 남자라도 여자를 얻는 방법을 배울 수 있다는 것이다. 유혹은 선택이며, 신체의 외양과 조건, 부, 다른 성공의 상징도 마찬가지다.

연애 산업은 섹스를, 올바른 전략을 따르고 여자에게서 점수 따는 방법을 아는 노련한 작업 전문가의 요령을 익히면 얻을 수 있는 것으로 제시한다. 레이첼 오닐이 이 산업에 대한 비평에서 정확히 지적하고 있듯이, 연애 산업은 섹슈얼리티와 욕망을 평가·감시·통제의 논리로 대체하며, 무슨 대단한 기교를 가르치는 척하지만 실제로는 감정을 조종하고 "섹스와 관계를 경험의 대상이 아닌 관리의 대상으로 보며 그것을 가능하게 하는 규칙과 제재들의 체계를 제공한다"는 점에서 광고 산업을 흉내 내고 있다.[10] 오닐은 또 유혹 기법의 많은 부분이 영업 사원이 거래를 성사시키기 위해 사용하는 기법을 닮았다고 말한다. 유혹 세미나에 참석해 본 어떤 남자들은 파트너를 찾진 못했지만, 자신을 제시하는 일을 더 적극적으로 잘하게 되면서 삶의 다른 영역들이 극적으로 개선되었다고 주장한다. 그런 세미나에 가는 많은 사람이 잠시 쉬기라도 하면 새로 찾은 힘을 잃을까 두려워 자신의 기술을 유지하기 위해 계속 "훈련"을 받는다.

따라서 이것은 여자가 대상이 되는 "거래 기술"의 한 형태다. 종종 "성사"가 되자마자 남자는 바로 여자를 버리는데, 그래야 얻기가 더 어렵고 따라서 더 호감이 가는 다른 여자를 쫓을 수 있기 때문이다. 이런 현대의 유혹 관행을 따르는 많은 사람들이 자신의 능란함을 확인하기 위해 여자를 낚았다가 차버리는 패턴을 보인다. 이 여자 저 여자를 계속 낚으러 다니는 남자들은 섹스 자체에서 즐거움을 얻는 것이 아니라, 자신의 낚는 기법을 적용하고 인정받고 욕망의 대상이 되는 데 성공하는 것에서 즐거움을 얻는 듯하다. 그들은 아직 가능할 때 최대한 많은 여자와 섹스를 하는 것이 자신이 늙어서 매력적으로 보이는 여자에게 무시를 당할 때도 만족감을 줄 것이라고 믿는다. 그러나 실제로는 깊은 불안에 시달리면서 자신의 수행 능력에 강박감을 갖고 새로운 요령을 배우고 기법을 계속 진화시키고 정복 목록을 확장해 나간다. 작업 전문가는 따라서 현대 노동자의 한 변형이다. 그는 자신을 팔고 점점 더 나은 결과를 얻는다. 그가 받는 보수는 침대 기둥에 표시해 놓은, 같이 잔 여자의 수가 늘어나는 것이다. 이런 사람이 성공을 나타내는 다른 상징들 — 컴퓨터게임에서 고수가 되고, 쇼핑 포인트를 모으고, 소셜 미디어에서 "좋아요"와 팔로워 수를 늘리는 등 — 도 수집할 거라는 건 쉽게 상상할 수 있는 일이다.

인셀 담론 뒤에는 여성의 무시가 남자에게 좌절감을 주는 직접적 원인이 되어 여자와의 관계를 통제하려는 시도에서 공격적 반응이 나타난다는 생각이 웅크리고 있다. 여자가 자신과 선뜻 상호작용하지 않으면 인셀은 그녀가 그렇게 하도록 자기 식대로 강요하곤 한다. 연애 산업에서 이런 적대적 태도는 감정과 욕망을 조종해 여자가 섹스를 하도록 유도하는 유혹 기법에 은근히 녹아들어 있다. 이때 성공은 조종에서, 또 관련된 여자의 감정과 욕망을 무시하고 오직 남자의 욕망만 인정하는 데서 온다.

사칭자 증후군

신자유주의 이데올로기의 두 가지 핵심적 훈계는 "모두 성공할 수 있다"와 "성공할 때까지는 성공한 척해라"이다. 성공하려면 성공한 것처럼 보이거나 성공 가도에 있는 척할 필요가 있다. 수많은 코치가 성공한 것처럼 보이기 위해 옷을 입고, 행동하고, 말하는 방법을 가르친다. 성공이 이상의 수준으로 떠받들어지는 시대에 사칭자 증후군 같은 새로운 증후군이 나타나는 것은 당연하다. "사칭자"라는 말의 전통적 의미는 고의로 자신을 다른 사람으로 소개하는 사람들에게 적용되지만, 사칭자 증후군은 다른 사람들이 자신에게 부여하는 상징적 역할을 맡을 자격이 없다고 느끼는 사람들을 가리킨다.

　헬렌 도이치는 사칭자라는 관념을 아이의 놀이와 연결한다. 놀이에서 아이들은 일시적으로 다른 역할을 맡기 때문이다. 성인의 경우, 자신을 다른 사람으로 소개하는 것은 몇 가지 동기가 조합된 결과일 수 있다. 경제적 이득, 사회적 지위, 자신에 관한 환상의 충족, 현실 세계나 내면화된 압박으로부터의 탈출 등이 그런 동기다. 이와 마찬가지로 사칭자가 하는 행동도 다양할 수 있다 — 어떤 사람은 타인의 이름을 사용하고, 어떤 사람은 상징적 휘장(학위나 훈장)을 이용하거나 자신이 이루지 않은 성취를 자랑한다. 도이치는 이런 일을 하는 이유가 사칭자의 에고에 있다고 생각했다. 사칭자는 자신이 평가절하되었다고 느끼고 죄책감에 사로잡혀 있는 경우가 많다. 그래서 "자신의 훌륭한 에고 이상의 요구를 충족시키는 개인의 이름을 찬탈할 필요가 있다."[11] 죄책감에 시달리는 에고의 문제는 "사칭자 증후군"이나 "사칭자 현상"이라는 말에서도 나타나는데, 이 말은 1970년대 말 심리학자 폴린 R. 클랜스와 수잔 임스가 높은 성취를 이루었으나 결국 탄로날 거라고, 다른 사람들이 어떻게든 자신을 "꿰뚫어 보고" 사기꾼임을 알아보게 될 거라고 느끼는 여자들에 대해 이야기하면서 공적 영역으로 들어오게 되었다.[12] 어떤 여자들은 또 자신의 성공이 순전히 운 때문이라고, 그래서 자신은 공공의 존경을 받을 자격이 없다고 생각해 고통을 겪는다. 처음에는 이런 새로운 증후군이 주로 여자들에게 나타나는 것처럼 보였지만 시간이 지나면서 남자들한테서도 이런 증후군이 보이기 시작했다.

전통적인 사칭자들은 이상에 더 가까이 다가갈 수 있도록 다른 사람인 척했던 반면, 새로운 유형의 사칭자는 성공의 사회적 이상에 가까이 다가간 것처럼 보이지만 자기 인식은 다른 사람들의 인식과 다른 경우이다.

이 두 유형의 사칭자 모두에게 문제가 되는 것은 라캉의 대타자, 즉 자신을 둘러싸고 있는 상징적 질서와 관련해 스스로를 인식하는 방식이다. "사칭자"라는 말의 첫 번째 의미가 사기의 의도를 갖고 다른 사람의 상징적 역할을 떠안거나 허가 없이 신분을 사용하는 것과 관련이 있다면, 이 말의 두 번째 의미는 자신이 구현 중인 상징적 역할을 감당할 수 없다 — 자신이 사기꾼이다 — 는 인식과 관련된다. 첫 번째 유형의 사칭자는 다른 사람이 되고 싶어 하는 반면, 두 번째 유형은 자신은 다른 사람이 보는 그 사람이 아니라고 걱정한다. 두 경우 모두 안정된 에고 같은 것은 없다는 사실, 인간은 절대로 에고 이상을 완전히 구현할 수 없다는 사실, 그리고 이전 장들에서 보여 주었듯이 세상에서 자신의 자리는 어디인가 또는 자신이 남들에게 제대로 인정받고 있는가 등의 질문에 대해서는 결코 만족스러운 해답을 구할 수 없다는 사실로 인해 어려움을 겪는다.

다른 사람들이 우리를 어떻게 볼까 하는 불안은 새로운 것이 아니지만 자신의 이미지가 선택의 문제인 것처럼 보이는 시대, 조작 가능한 것으로 보이는 시대에는 더 증폭되는 것 같다. 다른 사람처럼 보이고 싶은 — 즉 "시각적" 사칭자가 되고 싶은 — 욕망이 이렇게 컸던 적은 없다. 일찍이 1970년 신경학자 맥도널드 크리츨리는 자화상이 사칭의 한 형태라고 지적한 바 있다. 화가들은 종종 자신의 실제 모습과 닮지 않은 자기 이미지를 그린다는 것이다.[13] 이런 관찰로 크리츨리는 사칭자라는 말의 세 번째 의미를 암시했는데, 그것은 자신의 실제 모습과 일치하지 않는 이미지로 자신을 제시하는 사람들과 관계가 있다. 이런 사고방식에서 보자면 자화상은 오늘날 셀카의 원조인 셈인데, 셀카는 점점 실생활에서 보이는 모습을 거의 닮지 않은, 연출되거나 손질한 이미지가 되어 가고 있다.[14]

다른 사람처럼 보이려고 하거나 다른 사람들이 더 좋게 인식하도록 이미지를 조작하는 사람들과는 대조적으로, 탄로 날 것을 걱정하고 자신이 겉으로 보이는 그런 사람이 아니라고 걱정하는 사람들은 무시당하는 것을 불평하지 않는다. 반대로 지나치게 인정받을지도 모른다고 걱정한다 — 예를 들어 자격도 없는데 승진하게 될까 봐 걱정한다. 아주 많은 사람이 인정받지 못한다고 불평하는 시대에 이런 사칭자 불안은, 겪는 사람에게는 매우 고통스럽겠지만 사회 전체에는 해방적 기능을 할 수도 있다. 신자유주의 지속의 바탕이 되는 성공과 인정의 이데올로기에 대한 도전 가능성을 열어 주기 때문이다.

도이치는 사칭자 연구의 마지막에 연구를 하면 할수록 도처에서 사칭자를 더 많이 보게 된다는 비관적 결론을 내렸다. 자신의 친구와 지인들이 그렇다는 것이고, 심지어 자기 자신도 그렇다는 것이다. 모두가 어떤 상상적 자아 개념에 맞춰 자기 정체성을 날조하는 것처럼 보인다. 도이치는 "정상적" 사칭자와 병적 사칭자 사이에 차이가 있는지, 에고 이상과 자신을 곧바로 동일시하는 것은 사실 성자·천재·정신 질환자만 할 수 있는 일이 아닌지 묻는다. "자신의 에고 이상은 **내적**으로는 결코 완전히 만족될 수 없기 때문에 우리는 **자신이 이미 되고 싶은 존재가 실제 되어 버린 척하면서** …… 우리의 요구를 외부 세계로 돌린다."**15** 도이치가 모두에게서 사칭자의 요소를 보는 것은 옳지만, 문제는 사람들이 자신이 되고 싶은 것이 되어 있는 척하는 것이 아니라 계속 자신이 어떤 사람이 되고 싶은지 또 자신의 이미지 가운데 어떤 것이 사회적으로 바람직한지 궁리하고 있다는 것이다. 그 결과 과거의 화가들은 다양한 스타일의 자화상을 실험하곤 했고, 요즘 사람들은 연거푸 셀카를 찍는다 — 계속 완벽한 이미지를 찾지만 결코 찾지 못하면서 말이다. 그리고 이런 이미지를 남들과 공유하면서 되풀이해 자신들이 인정받느냐 무시당하느냐 하는 질문과 씨름한다.

ㄱ

빅데이터라는 망상

오늘날 우리는 다른 사람들에게 감시당하고 있을 뿐만 아니라 스스로에 대한 감시도 점점 더 늘어나고 있다. 자기 감시 앱을 이용할 때 우리는 일반적으로 앱이 우리의 데이터에 접근하는 것을 허용한다고 "동의"한다. 그러나 그런 소프트웨어로 인해 기업이나 국가 감시 시스템이 그 데이터를 우리의 최선의 이익에 부합하지 않는 방식으로 이용할 수도 있다는 사실은 무시하는 경향이 있다. "빅데이터" 축적의 결과, 개인적·집단적으로 우리가 누구이고 무엇을 하는가에 관한 새로운 지식은 넘쳐 나게 되었다. 그와 동시에 이 새로운 정보의 "부"富에 대한 방어와 대응으로 새로운 형태의 무지와 부인이 나타났다.

자기 감시를 향한 열정

시장에는 우리가 더 생산적인 사람, 더 조직적인 사람, 더 건강하고 날씬한 사람, 스트레스를 덜 받는 사람이 될 수 있도록 일상생활을 처리해 나가는 것을 돕기 위해 고안된 장치들이 넘쳐 난다. 스마트폰에 설치된 앱들 다수가 측정을 통해 이런 목표 달성 속도를 높여 준다고 주장한다. 그래서 사람들은 칼로리, 걸음 수, 달린 거리, 생리 주기, 심지어 — 임신 동안에는 — 태어나지 않은 아이의 맥박까지 측정한다.

이전 세대들에서는 걸음 수, 맥박, 칼로리를 계산하는 이 새로운 문화에 비길 만한 것을 찾기가 힘들다. 탈산업화된 자본주의와 이 자본주의의 생산성 증가에 대한 강조를 연구하는 사회학자들은, 측정에 대한 이런 강박을 공장노동자의 모든 움직임에 대한 사회적 통제와 감시의 새로운 형태들과 연결한다.[1] 작업장에서 생산성을 기록하는 관행은 이제 사람들의 사생활과 가정으로 확대되었다. 탈산업 자본주의를 추동하는 개인적 성취·성공·행복이라는 목표는 건강 산업과 매우 다양한 자기 계발 기업들을 낳았다.[2] 그리고 이 번창하는 시장은 적절한 측정과 기록, 그리고 자기통제가 그런 목표를 달성하는 데 필수적이라는 관념을 고취하는 주된 요인이 되었다.

그러나 이런 강박은 세 가지 이유에서 매우 문제가 있다. 첫째, 사람들은 일반적으로 자기 계발 프로그램을 오랫동안 지속하는 것을 힘들어 한다. 둘째, 이런 프로그램에 장기적으로 매달리는 데 실패하기 때문이기도 하겠지만, 사람들의 불안이나 죄책감은 더 늘어날 수 있다. 셋째, 활동을 감시하는 새로운 테크놀로지는 개인 자료의 수집을 허용하는데, 이런 데이터가 이용되고 남용되는 방식은 상상하기 어렵고 통제하기는 더 어렵다.

개인적 측정과 기록은 관리 가능하고 예측 가능한 방식으로 자기 변화를 이룰 수 있는 전략으로 장려된다. 감시 장치에 기록되는 숫자는 성취감을 주고, 그 결과 건강하지 않은 생활 방식으로 돌아가고 싶은 유혹에 대한 저항력을 쌓아 주는 것으로 여겨지며, 이것은 자기 구속의 기제로 작동한다.

오래전 호메로스는 오디세우스가 사이렌의 노래에 굴복하지 않기 위해 배의 돛대에 자신을 묶게 했을 때 자기 구속의 필요성을 인식했다. 욘 엘스터 또한 자기 구속이라는 관념을 사람들이 특정 행동을 바꾸고자 할 때 사용하는 다양한 전략과 연결한다.[3] 예를 들어 담배를 끊고 싶은 사람이 동료와 친구들에게 그런 의도를 알리면, 그들이 있는 자리에서는─죄책감이나 수치심 때문에─담배를 피우고 싶은 마음이 줄어들 수 있다.

인터넷 역시 사회적 압력에 의존하는 자기 구속 전략들을 가능케 하는데, 이는 온라인에서 사람들과 직접 접촉하는 일 없이도 가능하다. 예를 들어 매일 온라인 게시판에 음식 섭취량을 기록하는 다이어트 실행자는 온라인에서 낯선 사람들에게 다이어트 계획을 이행하지 못한 것을 인정할 수밖에 없을 때 부끄러움을 느낄 수 있다.

익명의 대화자를 상대로 이루어지는 온라인 소통이 사람들에게 행동을 바꾸는 동기가 될 수 있다면, 개인적인 자기 감시 장치의 도움으로 습관을 바꾸려 할 때는 무슨 일이 벌어질까?

자기 감시의 실패

사람들은 열심히 자기 계발 앱을 내려받지만 많은 이들이 곧 그것을 잊고 이런저런 이유로 진도 측정을 멈추고 만다.[4] 왜 사람들이 앱을 그렇게 빨리 잊고 마는지 이해하려는 연구자들과 더 나은 습관을 장려하는 생활 방식 전문가들은 아리스토텔레스의 용어 "아크라시아"를 재발견했는데, 이는 우리가 가끔 더 나은 판단에 어긋나는 행동을 하는 상황을 가리킨다. 오늘날 이 용어는 계획을 끝까지 이행하는 것이 자신의 이익에 최선이라는 것을 알면서도 그렇게 하지 못하는 꾸물거림을 가리킬 때 흔히 사용된다.[5]

아크라시아와 기록 장치에 관한 흥미로운 연구는 의학 분야에서 많이 이루어졌다. 한 연구는 사람들에게 신체 활동을 감시하라고 하면서 하루에 걸은 걸음 수를 늘리면 돈을 주었다.[6] 연구가 진행되는 동안 피실험자들은 신체적 활동을 늘리면 경제적 보상을 받기 때문에 생활 방식을 쉽게 바꾸고 더 건강해질 수 있을 것처럼 보였다. 그리고 이렇게 해서 행복이 늘어나면 돈이 동기부여 요인이 아닐 때도 계속 계획을 이행하게 될 것이라고 예상했다. 그러나 참가자 대부분은 그렇게 하지 않았다. 경제적 혜택이 끝나자 신체 활동도 대부분 끝나 버렸다.

돈이 습관 변화의 유인으로 이용되어야 하는가의 문제에 대해서는 여전히 논란이 많다.[7] 그러나 여기에서 이야기하고자 하는 바를 살펴보려면 심리학이라는 렌즈를 통해 자기 감시 실패를 바라보는 것이 더 유용할 수 있다. 지난 20년간 의지력에 관한 심리학적 연구는 서로 연결된 두 가지 실험을 통해 의지력을 시험하는 연구에 크게 의존해 왔다.[8] 로이 바우마이스터와 그의 동료들은 우선 두 그룹 사람들에게 무엇을 먹을지 말해 주는 과정에서 의지력을 실험했다. 두 그룹 앞에는 초콜릿 쿠키와 무가 든 사발이 있었다. 한 그룹은 무만 먹으라는 말을 들은 반면, 다른 그룹은 무와 쿠키 둘 다 먹는 것이 허락되었다. 핵심은 무만 먹는 그룹이 쿠키에 저항하는 데 자기 규율이 얼마나 필요할지 측정하는 것이었다.

이런 첫 실험 뒤 두 그룹은 풀 수 없게 만든 퍼즐을 풀라는 요청을 받았다. 쿠키를 먹어도 된다는 말을 들은 그룹이 무를 먹은 그룹보다 퍼즐을 풀려고 더 긴 시간 노력했다. 이를 설명하는 한 가지 방법은, 의지력이란 규칙적 운동으로 강화할 수 있는 근육과 같지만 너무 많이 쓰면 힘이 고갈된다는 것이었다. 무만 먹는 사람들이 쿠키를 먹지 않으려고 노력하느라 의지력을 다 써버려 퍼즐을 풀도록 자신을 밀고 나갈 의지력이 남지 않았다고 보는 것이다. 반면 쿠키를 먹은 사람들은 첫 실험에서 의지력을 행사할 필요가 없었기 때문에 두 번째 실험에서 의지력을 사용할 수 있었으며, 두 번째 실험에서 쿠키를 먹지 않은 동료들이 풀 수 없다고 인식하고(아마도 당이 없는 뇌로) 손을 뗀 퍼즐을 푸는 데 어리석게도 계속 노력을 기울였다.

그러나 지난 몇 년 동안 바우마이스터의 실험을 재현하는 데 실패한 심리학자들은 "의지력은 제한된 자원이 **아니**지만, 제한적이라고 믿으면 자신의 계획을 끝까지 밀고 나갈 가능성도 작아진다"라고 결론짓고 있다.[9] 좀 더 새로워진 이 관점에 따르면 자기완성적 예언이 작동한다. 자신을 속박하느라 의지력이 고갈될 경우 다른 기획을 끝까지 밀고 나가려는 노력은 실패할 것이라고 상정한다면, 실제로 시험에 부딪혔을 때 실패할 가능성이 크다. 그러나 "의지력 피로"라고 부르는 것이 존재한다고 상정하지 않으면 그런 실패가 일어날 가능성은 작아진다.

어떤 연구들은 행동을 바꾸려고 세운 계획들을 따라가는 우리의 능력에 감정이 미치는 영향을 평가해 보았다. 어떤 자기계발

서들은 예를 들어 새로운 건강 식이요법을 시도하려 할 때 우리가 느끼는 감정을 의식하려고 노력하고 부정적인 감정을 처리하는 데 에너지를 다 쓸 게 아니라 우리 자신을 위한 환경을 만들어 목표 달성을 뒷받침할 수 있는 쪽으로 에너지의 방향을 돌리라고 조언한다.[10]

바로 이 대목에서 앱이나 착용 테크놀로지가 들어올 자리가 생긴다. 이런 것들은 우리가 개인적인 향상 계획을 더 쉽게 끝까지 따라갈 수 있도록 그런 긍정적 환경을 만드는 것을 돕는다고 여겨진다. 우리가 생활개선 목표를 분명하게 설정하면 앱이 우리가 그 계획을 실현하도록 도울 것이라는 생각이다. 그러나 불행히도 앱을 내려받고 착용 장치를 사는 사람들은 그런 장치를 사지 않는 사람들과 마찬가지로 자신의 계획을 쉽게 "잊고" 설정한 목표를 무시해 버리는 것이 현실이다. 그래서 이제는 예전에 산 장치를 사용하지 않는 데 대한 죄책감이나 불안을 더 강하게 느끼게 해주는 새로운 장치까지 등장했다.

예를 들어 파블로크라는 이름의 스마트 팔찌는 그것을 찬 사람이 해서는 안 되는 일을 하고 싶은 유혹을 느끼면 가벼운 전기 충격을 준다. 계획을 끝까지 따르지 않는 상태를 벌하는 것이다. 파블로크는 이런 충격으로 "일어나, 이 잠꾸러기야, 체육관에 갈 시간이야!", "그 과자 내려놔!", "페이스북에 시간 낭비하지 마!"

하고 말하는 내적인 목소리를 불러일으킨다는 것이다. 파블로크의 제작자들은 이 장치가 사람들이 자기 행동에 책임을 지게 해서 필요할 때 행동을 더 쉽게 바꾸도록 해주며, 그럼으로써 "진정한" 잠재력을 계발하는 데 도움을 준다고 주장한다. 이는 20세기 초이반 파블로프가 개에게 했던 유명한 실험에 나오는 조건반사 훈련에 기초하고 있다. 파블로프가 먹이가 없을 때도 개가 침을 흘리게 했듯이, 파블로크 제작자들은 이 장치가 사람들이 자신에게 해가 되는 행동을 하지 않는 조건반사를 일으키게 할 수 있다고 주장한다. 파블로크를 착용해 본 사람들은 전기 충격이 올 것이라는 예상과 나쁜 습관을 연결하기 시작하면서 과식, 손톱 깨물기, 머리카락 잡아당기기, 늦잠 같은 나쁜 습관들을 고칠 수 있었다고 증언했다.[11]

그런 장치의 인기와 확산은 왜 사람들이 살면서 그렇게 많은 것을 측정할 필요가 있으며 거기에서 정말로 무엇을 얻는가 하는 흥미로운 문제를 제기한다. 예를 들어 모발 보호 제품 생산자 케라스타스는 첨단 기술 회사 위딩스와 함께 새로운 "스마트" 빗을 만들었는데, 이것은 사람들이 머리를 어떻게 다루는지 평가해 준다고 한다. 이 빗은 내장 마이크의 도움으로 사람들이 머리를 빗는 소리를 듣고 머리가 얼마나 곱슬곱슬하거나 건조한지, 또 끝이 갈라졌는지 아닌지 측정한다.[12] 달리기를 위한 장치인 애플 워치

나이키플러스는 두 가지 크기로 나오며 내장 GPS 추적 장치, 통기 구멍이 난 스포츠 팔찌, 나이키플러스 런 클럽 앱과의 동기화, 달리기를 시작할 수 있도록 해주는 전용 시리 명령 등이 가능하다. 푸시 알림 기능이 있는 나이키플러스 런 클럽 앱은 스마트 달리기 알림을 통해 매일 동기부여를 제공함으로써 이것을 착용한 사람이 달리기를 하도록 유도한다. 예를 들어 보통 달리기를 하러 가는 시간에 "오늘 우리 달리나요?"라는 말이 시계에 나타난다. 이 앱은 또 친구들 사이에 도전을 주고받게도 하고, 달리는 사람에게 날씨도 알려 준다. 속도·거리·심박수를 포함한 훈련 데이터를 한눈에 볼 수 있을 뿐만 아니라 친구들과 달리기 결과도 공유해 우호적인 경쟁을 장려한다.

계속 부추기기, 다른 사람들과 비교하기, 자기 처벌은 모두 새로운 테크놀로지가 자기 계발이라는 목표를 달성하도록 돕는 데 이용하는 전술이다. 어떤 사람들은 이런 접근법에서 도움을 얻을 수도 있지만, 자기 계발 이데올로기가 자신이 불충분하고 불안하고 죄를 짓고 있다고 느끼는 데도 한몫할 수 있다는 점은 기억해 둘 필요가 있다.

그래서 어떤 사람들은 이런 장치를 죄책감을 일으키는 슈퍼에고 대리로 받아들이지 않고 오히려 자기를 개선하는 행동 자체의 대체물로 이용하는 쪽을 택하기도 한다. 오스트리아의 철학자로베르트 팔러는 기계장치를 사람 대신 어떤 행동을 수행하는 중개자로 이용하는 이런 전략을 묘사하기 위해 "상호 수동성"이라는 말을 만들었다.[13] 영화를 자주 녹화하지만 한 번도 보지는 않는 사람이 그 예다. 그는 영화를 녹화함으로써 녹화기가 어떤 의미에서는 자기 대신 영화를 "본다"고 느끼면서 다른 일을 할 수 있다.[14] 명상 앱도 마찬가지다. 나는 그것을 내려받고 돈을 내고 그 앱이 인도하는 대로 명상을 조금 하지만, 며칠 지나면 무시하게 된다. 하지만 내 장치에 그 앱이 있기 때문에 이 앱은 나의 명상 실천의 대리자로 간주될 수 있다. 내가 다른, 아마도 더 즐거운 일상적 과제를 계속 수행하는 동안 그 앱이 상호 수동적으로 나 대신 명상을 "하고" 있다는 것이다. 그렇게 상호 수동적인 방법으로 앱을 이용하게 되면 사람들은 목표를 달성하지 못해서 겪게 되는 불안이나 죄책감을 무시할 수 있을지도 모른다.

이런 앱들과 착용 장치의 확산은 생산성은 높이고 자신이 입는 피해는 줄이는 쪽으로 행동하도록 사람들을 쉽게 조종할 수 있다는 생각에 기초를 두고 있다. 고용주들이 이런 앱과 장치를 장려한다면 그 목표는 더 건강한 노동자, 동기부여가 잘 되어 있고 집중력이 높은 노동자를 만들어 작업장에서 생산성을 높이고 비용은 줄이는 결과를 얻는 데 있을 것이다. 사람들이 삶을 더 생산적으로 바꿔 준다고 하는 앱이나 착용 장치를 무시한다 해도 그들이 의식적으로 자멸적인 행동을 받아들인다는 뜻은 아니다. 그보다는 통제하거나 쉽게 바꿀 수 없는 것 — 무의식적 욕망·환상·충동 — 에 내몰리고 있다는 뜻이다. 사람들이 아주 쉽게 목표를 포기하거나 자기 계발 앱을 잊어버리거나 그것을 상호 수동적인 방법으로 이용한다는 사실은 그들이 삶에서 변화를 이루고자 노력하지 않는다는 표시가 아니라, 목표가 아무리 합리적이라 해도 사람의 무의식이 종종 행복에 반대되는 방향으로 작용하기 때문에 이런 변화들이 쉽게 이루어지지 않는다는 증거로 받아들여야 한다.

사람들은 행동을 바꾸기 위해 내려받은 다양한 앱을 쉽게 잊어버리고 어떤 경우에는 앱을 내려받았다는 사실만으로 충분히 기분이 좋아지는 것처럼 보이지만, 문제는 앱 자체는 자신을 내려받은 사람을 잊지 않는다는 점이다.

빅데이터에 관한 무시와 부인

착용 테크놀로지에 관한 논의는 대부분 그것이 인간의 행동을 정말로 바꿀 수 있을까, 그리고 왜 우리는 그렇게 빨리 그것을 무시하게 될까에 초점을 맞추고 있다. 다른 형태의 무시, 즉 이 장치들이 수집하는 자료에 관한 무시는 거의 이야기되지 않는데, 앱과 착용 테크놀로지를 파는 회사들이 사용자의 자료를 모으고 판다는 것은 일반적인 상식이다.

에이미 피트먼은 임신을 위해 노력하면서 생리 주기 기록기에 의욕을 보이던 때를 회고한다.

많은 20대와 마찬가지로 나는 내 인생에서 중요한 모든 것을 위한 앱을 갖고 있다. 내게는 내가 무시하는 건강 기록기가 있고, 내가 무시하는 예산 기록기가 있고, 내가 무시하려 하는 요금 납부 앱이 있고, 내가 집착하는 생리 주기 기록기가 있다. 매주 나는 종교에 매달리듯 나의 심부 체온, 체액의 점도, 남편과의 섹스 횟수, 정액 잔존 여부 등과 더불어 나의 기분까지 생리 주기 기록기로 기록하는 데 매달렸다. 이 앱은 나의 재생산 행동에 관해 남편이나 어떤 의사보다도 내밀한 지식을 갖고 있었다. 임신 테스트에서 임신으로 결과가 나온 날 나는 생리 주기 기록기에 접속해 좋은 소식을 나누었다. 그러자 앱은 임신 앱을 제안했고 나는 그 앱을 즉시 내려받았다. 새 앱은 화려한 색깔에 대화형 그래픽이 많았다.[15]

그러다 피트먼은 유산했다. 그녀는 즉시 임신 관찰 앱을 비활성화했다. 하지만 앱의 접속을 중단했는데도 다양한 광고 회사가 임신과 유아 관련 제품 정보를 계속 보내는 것은 막을 수 없었다. 임신 앱 제조사가 광고 회사들에 그녀의 데이터를 판 것이다. 그러나 피트먼이 앱에 유산을 기록하고 사용을 중단했을 때 그 정보는 전달되지 않았다. 그리고 피트먼은 충격적인 사건을 겪는다. "유산 일곱 달 뒤 원래의 예정일을 불과 몇 주 남기지 않았을 때 퇴근을 하니 도어매트에 물건이 보였다. 유아용 유동식이 한 상자 있었고 이런 메모가 달려 있었다. '우리 모두 부모가 되는 방식은 각기 다를지 모르지만 그 기쁨은 모두가 함께 나누는 것입니다.'"[16]

빅데이터의 도움으로 완전히 새로운 감시 영역이 열린 결과 국가만이 아니라 기업도 사람들의 일상생활을 감시할 수 있게 되었다. 이 엄청난 데이터 수집의 시대가 처음 출발했을 때 사람들은 대부분 자신에 관해 수집된 데이터를 위해 존재하는 시장을 이해하지 못했던 것이 확실하다. 그러나 이제는 다양한 매체가 일상적으로 감시 문제를 다루고 있으며, 따라서 사람들이 자신의 개인 데이터를 다룰 때 중요한 역할을 하는 것은 앎의 부족이라기보다는 그 앎에 대한 부인이다.

수집되고 있는 다양한 종류의 정보와 관련해 우리는 사람들이 중병에 걸렸다는 말을 듣게 될 때 사용하는 것과 비슷한 부인 전략을 관찰할 수 있다. 개인 데이터가 오용되는 것을 목격하거나 그런 일에 관해 읽은 사람들도 자신에게 그런 일이 일어날 수 있다고는 생각하지 않는다. 어떤 사람들은 심지어 자신의 데이터가 기업이나 국가에 전달되고 있다는 사실을 개의치 않을 수도 있다. 또 어떤 사람들은 누가 자신의 전화 대화를 엿듣는 것에는 아주 민감하게 반응하지만 자신의 신체 데이터가 건강 상태나 임신을 추적하는 기기에 기록되고 있는 것은 상관하지 않을 수도 있다. 비슷한 문제는 상업적 DNA 검사 회사가 수집하는 유전정보에서도 일어나는데, 이런 정보는 당사자가 자신의 데이터가 유용되거나 돈으로 거래될 수 있다는 사실을 분명히 이해하지 못한 상태에서 쉽게 정부에 넘겨지거나 다른 기업에 팔릴 수 있다.[17]

1장에서 언급한 낸시 튜어나의 무지 분류를 적용해 보면, 사람들이 빅데이터에 관여하는 방식에서 "알지 못하는" 네 가지 방식을 모두 찾아볼 수 있다.[18] 우리는 우리에 관한 데이터가 수집되어 무엇에 사용되는지 알지 못할 수도 있고 관심이 없을 수도 있다. 우리는 그 데이터에 무슨 일이 생기는지 모른다는 것을 알지 못할 수도 있다. 데이터를 수집하는 회사들은 우리가 아는 것을 바라지 않을 것이다. 또 우리 스스로가 의도적 무지 — 즉 부인 — 에 의지하는 것도 가능하다. 이 경우 우리는 데이터가 수집되고 팔리고 악용될 수 있다는 건 알지만 그냥 그것에 관해 관심을 갖지 않겠다고 마음먹는다. 또 가끔 우리의 의도적 무지는 "나는 감출 게 없다"는 믿음 때문에 나타나기도 한다.

빅데이터와 관련된 무지에 대한 또 하나의 설명은 막강한 권력을 가졌을 가능성이 높은 이익집단이 불투명한 목적으로 데이터를 수집한다는 것이다.[19] 여기에서 무지는 데이터를 수집하는 방식보다는 이용하는 방식과 관련이 있다. 데이터를 거래하는 기업들이 하는 일, 데이터 채굴의 메커니즘, 알고리듬의 작동은 너무 낯설고 불투명해 사람들은 대부분 그런 데이터가 무엇에 이용될 수 있고 어떻게 조작될 수 있는지 상상하지 못한다. 데이터를 불투명하게 만들고 알고리듬을 비밀로 유지하는 것은 전략적 무지에 기여하며, 여기서 권력을 가진 사람들은 다수를 무지 속에 둠으로써 이익을 얻는다.[20]

고지 후 동의

앱을 내려받을 때마다, 공공장소에서 무료 인터넷 접근 권한을 요청할 때마다, 포인트 적립 카드를 신청할 때마다, 착용 테크놀로지를 처음 사용할 때마다 우리는 대개 데이터 수집에 동의하는 공란에 표시해 달라는 요청을 받는다. 빅데이터와 관련된 동의 형식에 대한 우리의 반응에는 의료에서 관찰되는 것과 비슷한 무지의 전략이 포함되어 있다. 가장 흔한 경우 우리는 아주 작은 활자와 관료적이고 법적인 언어로 서비스 제공자의 권리를 고지하는 긴 문서를 읽지도 않고 동의한다. 우리는 자동적으로 동의하는 데 체크하고 더 방해받지 않고 서비스를 이용하기를 바란다. 만일 보통 맹목적으로 승인하는, 다양한 고지 후 동의 서류를 다 읽는다면 우리는 어떤 앱을 전화기에 설치하지 않고, 착용 테크놀로지를 이용하지 않고, 공개 인터넷 서버에 접속하지 않을 가능성이 크다.

하지만 그렇게 쉽게 동의 내용을 무시해도 되는 것이라면 우리는 고객을 이런 동의 게임에 참여시키는 목적에 의문을 제기할 수밖에 없다. 고지 후 동의의 문제는, 그것이 일차적으로 서비스 제공자는 보호하면서 소비자에게는 점점 더 선택을 강요한다는 것이다. 우리는 우리 데이터를 내주는 데 동의하거나 그것을 거부할 수 있다. 그러나 거부하면 데이터를 수집하는 장치나 서비스를 즐길 수 없다. 마찬가지로 인터넷 제공자가 우리를 감시하는 것에 동의하지 않으면 아예 인터넷에 접속할 수가 없다. 강요된 선택의 경우 원칙적으로 선택권은 준다. 하지만 오직 한 가지 선택지밖에 없다. 어떤 면에서는 선택권이 주어지는 동시에 부인되는 셈이다.

사회주의 유고슬라비아에서 젊은 남자들이 병역을 이행해야 했을 때 이와 같은 강요된 선택의 예가 등장한 적이 있다. 그들은 징집병이 되면서 유고슬라비아군의 일원이 되는 길을 자유롭게 선택했다는 내용의 맹세 의식을 치러야 했다. 그런데 한 남자가 이를 진지하게 받아들여 군의 일원이 되는 것은 선택이므로 입대하지 않는 쪽을 택하기로 했다. 그러자 남자는 바로 수감되었다. 이 선택은 주어지는 동시에 거부되고 있었던 것이다.

자크 라캉은 어떤 사람이 "돈을 내놓을래 아니면 목숨을 내놓을래" 하고 다그치는 강도를 만난 상황을 상상하며 강요된 선택이라는 관념을 설명했다. 강도의 이런 다그침은 이 사람을 강요된 선택이라는 상황으로 몰고 간다. 돈을 선택하면 목숨을 잃을 것이고 그러면 자신이 저축한 부를 누릴 수 없다. 그에게 남은 유일한 선택은 목숨이지만 돈을 잃고 나면 목숨을 유지하는 것도 덜 즐거워질 것이다.[21]

자신에 대한 데이터를 추적하는 장치의 사용에 동의하라는 요청을 받을 때 우리는 비슷한 선택권을 받는다. 앱을 즐기는 대신 당신에 대한 데이터 사용에 동의해라, 아니면 앱 없는 삶을 살아라.

기계는 틀릴 수 없다

무턱대고 자신에 대한 데이터를 제공하는 데 동의하는 사람들도 있지만, 대다수는 그런 데이터를 다루는 기계를 신뢰하기 때문에 데이터를 내준다. 요즘 우리는 컴퓨터의 힘을 너무나 신뢰한 나머지 그 사용 방식에서 심각한 실수가 있을 수 있다는 상상조차 하지 못한다.

2000년대 초 나는 슬로베니아 연구 집단들의 결과물을 평가하는 심사단을 이끈 적이 있다. 난 이들 연구 집단과 직접적 관련이 없었고, [나를 비롯한] 평가자들은 외국 출신들이었다. 이는 그들의 연구에 대한 객관적 평가를 위한 것이었다. 물론 이 심사는 연구자들이 향후 받게 될 연구비를 결정하는 중요한 과정이었다. 내가 할 일은 매우 간단했다. 평가자들의 보고서 작성을 도운 뒤에 그들이 매긴 점수를 엑셀 스프레드시트에 넣으면 그만이었다. 그러면 마지막에 자동적으로 결과가 계산되어 향후 연구비를 받을 집단의 명단이 나왔다. 나는 오류가 결과에 영향을 주지 않도록 스프레드시트에 꼼꼼히 점수를 기록했고, 그 뒤에 소프트웨어는 누적 점수를 계산했으며 이것으로 평가가 이루어졌다. 몇 시간 뒤 나는 다시 양식을 보다가 뭔가 잘못되었다는 느낌을 받았다. 평가자들로부터 일관되게 좋은 점수를 받은 집단들이 최종 명단에서 내 예상만큼 높은 위치에 있지 않았다. 나는 양식에 점수를 제대로 기록했는지 모두 다시 확인했지만 이상은 없었다. 그래서 다시 계산 단추를 클릭했고 결과는 전과 같았다. 나는 답답한 나머지 손으로 직접 계산해 보기로 했다. 놀랍게도 결과는 달랐다.

나는 컴퓨터가 틀렸을 수도 있다는 가능성을 받아들이지 않고 한 번 더 계산해 보았다. 마침내 나는 스프레드시트가 완벽한 프로그램이 아니라는 결론에 이를 수밖에 없었다. 스프레드시트를 설치한 부서에 연락했을 때 처음에는 기계가 잘못된 결과를 내놓았다는 내 말을 아무도 믿지 않았다. 결국은 그쪽 IT 인력이 알고리듬에 오류가 있음을 확인해 주었다. 그들은 내 문제 제기 덕분에 오류를 해결할 수 있었다. 그런 경험을 하기 전까지 나는 그런 양식과 스프레드시트를 굳게 믿는 사람이었다. 그러나 이 일 뒤로는 비슷한 계산 오류가 컴퓨터 의존 작업의 정확성을 얼마나 훼손할지, 왜 우리는 그것을 찾아내는 데 더 주의를 기울이지 않는지 의문을 품기 시작했다.

빅데이터의 세계에서 우리는 (앞의 예들이 보여 주듯이 소프트웨어는 그것을 짜는 프로그래머만큼만 훌륭할 뿐이라는 점을 염두에 두고) 소프트웨어 오류의 가능성만이 아니라 데이터가 어떻게 수집되고 해석되는가, 누가 거기에 접근하는가, 그것이 어떻게 조작될 수 있는가 하는 문제들과 관련된 높은 수준의 불투명성에도 대처해야 한다. 그런 불투명성이 새로운 유형의 무지뿐만 아니라 빅데이터가 제공하는 정보에 관한 새로운 환상을 만들어 내는 것도 놀랄 일은 아니다. 엄청난 양의 데이터가 모이게 되면 사람들은 실제로는 아무것도 없는 무작위적 데이터 안에서 갑자기 패턴들을 보기 시작한다. 엄청난 양의 데이터는 사방으로 뻗어 나가는 관련성을 제공하는 것처럼 보일 수 있기 때문이다.**22** 빅데이터 연구자들은 이것을 아포페니아**▮**라고 부른다.

우리가 사각지대를 다루는 한 가지 방법은 그것을 시각화해 보는 것이다. 우리 지식의 "구멍"은 아주 특정한 방식으로 우리가 만들어 낸 그것에 대한 환상과 연결된다. 이런 환상을 탐사하는 흥미로운 방법은 예술을 거치는 것이다. 많은 현대 예술가들이 과학의 새로운 발전에 매혹되어 뇌 이미지, 유전자 암호, 천체물리학이나 물리학 분야에서 새로 획득된 지식을 자신의 예술에 이용하고 있다. 당연한 일이지만 빅데이터도 그들의 관심을 끌었다. 예를 들어 노르웨이 예술가 토릴 요하네센은 〈말과 세월〉이라는 예술 프로젝트에서 빅데이터를 이용해 관객에게 오늘날 세계에서 중요한 주제들에 대한 경각심을 일깨우려 한다. 그녀는 과학 저널들에 나온 데이터를 샅샅이 뒤져 자연이나 사회와 관련해 "위기"나 "기적"이라는 말이 어떤 경우에, 어느 정도 빈도로 사용되는지, 유전학 분야에서 얼마나 많은 글이 "탐욕"과 "욕망"이라

▮ 조현병자의 망상 사고가 시작될 때 나타나는 특성을 '아포페니'로 부르면서 시작된 개념으로 서로 연관성 없는 현상들에 의미를 부여해 믿는 의식 작용을 가리킨다.

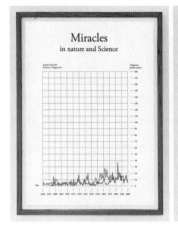
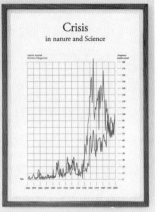
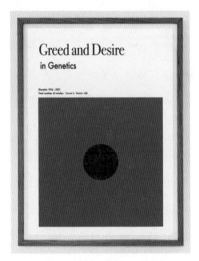

토릴 요하네센의 <말과 세월> 프로젝트 중에서. 『네이처』와 『사이언스』지에 '기적'과 '위기'라는 말이 언급된 횟수를 나타내는 그림(2010)(위)과 『유전학』에서 얼마나 많은 글이 '탐욕과 욕망'을 언급하고 있는지를 나타내는 그림(2011)(아래).

는 말을 사용하는지 보여 주는 그림을 만들었다.[23] 요하네센은 종종 의미가 강한 단어를 골랐다. 그녀는 과학 저널에서 이런 단어들이 언급된 횟수와 관련된 패턴을 시각화하는 작품을 만들었다. 관객은 그 단어가 사용된 맥락은 모르지만 과학 텍스트에서 이런 단어의 증가와 감소에 기여한 것이 무엇인지 상상하게 된다. 빅데이터에 대한 요하네센의 이런 예술적 접근은 그녀가 이용한 통계에 대한 이해를 제공하는 것이라기보다는 삶의 데이터화에 대한 우리의 이해에서 구멍을 드러내는 것이라 할 수 있다.

데이터 분석의 급속한 발전 이전에도 예술가들은 데이터를 수집해 예술 작품에서 그것을 이용했다. 1980년대 러시아 미술가 비탈리 코마르와 알렉스 멜라미드는 여러 나라 사람들에게 아름다운 그림과 추한 그림을 구성하는 요소가 무엇이냐고 물었다. 조사 결과를 보면 사람들은 보편적으로 산, 화창한 하늘, 배경에 동물이 있는 자연 풍경을 보여 주는 것이 아름다운 그림이라고 인식했고, 어둡고 매력 없는 색깔로 추상적 삼각형들을 구성하는 그림이 추한 그림이라고 인식했다. 이들은 조사의 평균 결과를 이용해 이상적으로 아름다운 그림과 추한 그림을 만들었다.[24] 그렇게 만들어진 아름다운 그림과 추한 그림을 보면서 관객은 이상한 기분을 느꼈다 ― 아름다운 그림과 추한 그림에 대한 사람들의 관념에 순응하려고 하자 좋은 미술이라면 으레 가지고 있는, 놀라움을

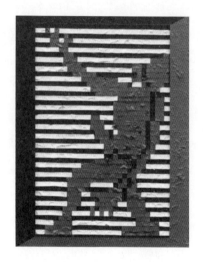

코마르와 멜라미드가 덴마크 사람들을 대상으로 아름다움(위)과 추함(아래)을 구성하는 요소를
조사해 만든 그림.

주는 면이 사라져 버린 것이다. 이 미술가들은 사람들이 아름다운 미술과 추한 미술로 인식하는 것을 진지하게 받아들여 보통 합리적으로 파악할 수 없는 것을 말로 표현하고 이미지로 실현하려 했다. 그러나 위대한 예술 작품을 이루는 것은 대체로 말로 포착되지 않으며, 그래서 어떤 작품을 아름답게 하거나 추하게 하는 요소가 무엇인지 이성적으로 묘사하기는 쉽지 않다.

말이나 이미지로 쉽게 표현할 수 없는 것, 자기 자신과 자신을 둘러싼 세계에 대한 우리의 의식적 인식에서 벗어나 있는 것의 본성을 묘사하기 위해 라캉은 "실재계"라는 표현을 사용했다. 이 표현은 우리가 보통 실재라고 이해하는 것과는 관련이 없고, 오히려 우리가 언어와 이미지의 도움을 얻어 형성한 실재의 개념으로는 잡히지 않는 것과 관련돼 있다.

오늘날 우리는 과학과 새로운 테크놀로지의 도움을 얻어 이 "실재계"에 다가가려 한다. 유전학과 신경과학의 영향으로 우리는 게놈 암호를 풀고 뇌스캔을 완성하면 무엇이 우리를 인간으로 만드는지 이해하는 데 도움을 얻을 수 있을 거라 생각한다. 심지어 우리는 주체성의 수수께끼를 판독하는 비슷한 탐구에서도 빅데이터에 의지하고 있다.

진보에 대한 무지와 믿음

우리는 흔히 지식 추구를 찬미한다. 그러나 알지 않으려는 욕망도 생존에 똑같이 중요하다. 눈을 감는 것, 어떤 것을 보지 않는 것, 고통스러웠거나 감당하기 힘든 일을 기억하지 않는 것은 사람들이 앎의 추구만큼이나 열정적으로 끌어안는 전략이다.

　우리 삶에서 뭔가를 심리적으로 억누르는 것은 의식적으로 받아들이기 힘들거나 이해하기 힘든 것을 밀어내는 데 도움이 된다. 하지만 무지는, 마치 뭔가를 이해하는 데 필요한 정보는 다 있지만 그것이 우리와는 관련을 맺지 못하는 상태와 같다. 예를 들어 협박에 관한 정보가 있지만 그런 협박이 자신에게 적용되지 않거나 자신과는 관계없는 것처럼 행동할 수 있다. 이런 종류의 무지는 역설적으로 전능하다는 느낌을 줄 수 있다. 자신이 실제보다 강력하다고, 거의 무적이라고 인식하게 되는 것이다.

　빅데이터 이용에 대한 무지와 기후변화의 부인을 비교해 보면 어려운 것에 눈감는 이 두 가지 방식을 진보에 대한 우리의 관념과 연결해 볼 수 있다. 2019년에 기후변화와 관련된 저항운동이 확산되기 전까지 선진국에서는 대개 현대 자본주의의 바탕이 되는 진보나 발전이 영원히 지속될 수 없다는 사실을 인정하기를 두려워했다. 또 기후변화가 경제성장률 하락의 원인이 될 수 있다는 전망과 직면하는 것도 두려워했다. 어떤 사람들은 기업에 대한 처벌이나 이산화탄소 배출량을 통제하는 다양한 기제를 통한 정부의 시장 개입을 골칫거리로 여겼다. 그런 개입은 많은 사람에게 자유로운 시장의 작동에 내재하고 있다고 여겨지는 자유의 상실을 의미했다. 과학자들이 기후변화에 관해 과거에도 했고 지금도 하고 있는 경고를 잘 알고 있는 사람들조차 이런 경고가 자신에게 개인적으로는 영향을 미치지 않는다고 믿을 수 있게 해주는 다양한 전략을 택하는 경우가 많았다.

우리는 보통 기후변화라는 현실이, 우리 스스로가 개인적으로 행동을 바꿔야 하고, 사회가 계속적 성장과 발전에 대한 관점을 바꿔야 한다는 뜻임을 부인한다. 이는 사람들이 변화를 두려워하고 잠재적인 변화가 자신의 미래에 미칠 수 있는 영향에 대한 불안 속에서 자신의 거부가 미래 세대에 미칠 영향은 생각하지 않기 때문이다. 우리는 발전이 계속될 수 있다는 관념에 매달리고 싶어 하는데 그 대가는 다음 세대가 치러야 할 것이다. 과거의 믿을 수 없을 만큼 빠른 발전은 결코 지속 가능하지 않다. 그 발전은 화석연료에서 얻는 에너지에 기반을 두고 있기 때문이다.[25] 선진국 사람들은 화석연료에 기반을 둔 경제의 결과로 누려 온 번영 덕분에 건강하게 장수할 수 있었지만, 이는 그런 경제가 세계 전체에 미치는 영향에 대한 의도적 무지에 기반을 둔 것이었다.

우리는 또 오랫동안 빅데이터가 진보에 크게 이바지한다는 지나치게 낙관적인 관념을 가지고 있었다. 미래 세대는 데이터의 잘못된 관리와 관련된 문제들, 또 감시의 새로운 형태를 마주하면서 자신은 데이터 수집에 동의한 적이 없다는 사실을 깨닫게 될 것이다. 현재의 프라이버시나 고지 후 동의라는 관념은 유아와 아동에 관한 데이터가 그들의 동의 없이, 또 이런 데이터 수집이 그들의 미래 삶에 미칠 영향을 그들이 통제하거나 이해할 수 없는 상태에서 대규모로 수집되고 있다는 사실을 고려하지 않는다.[26]

낙관적인 빅데이터 연구자들은 빅데이터를 꼭 부정적인 관점에서만 볼 필요가 없다고 지적한다. 사람들은 자신에게 유리하게 데이터를 이용할 권한을 부여받을 수 있고, 공개적으로 접근 가능한 데이터는 과학 연구와 사회 변화에 상당히 기여할 수 있다는 것이다.

그래서 빅데이터 옹호자들은 개인들이 자신의 데이터에 접근해 그것을 완전히 이용할 수 있어야 한다는 점을 지적하곤 한다. 그들은 기록 장치와 컴퓨터가 개인들의 습관을 본인이 의식적으로 아는 것보다 더 많이 알고 있다고 말한다. 그리고 자신에 관해 수집된 데이터를 알면 더 나은 생활을 향해 나아가는 데 도움을 받을 수 있다고 한다. 그러나 비판적 데이터 연구 전문가인 마크 안드레예비치는 그런 열광을 경계하면서 빅데이터를 수집하는 사람들과 그런 수집의 대상이 되는 사람들 사이의 커다란 불일치를 지적한다. "사용자들이 자신의 데이터에 접근한다 해도 집합적인 데이터베이스들을 채굴할 수 있는 사람들의 패턴 인식이나 예측 능력은 갖추지 못할 것이다. 더욱이 개인들에게 다른 모든 사람의 데이터를 준다 해도(순수하게 가설적인 조건이다) 그들에게는 그 데이터를 이해하고 이용할 수 있는 저장 능력과 처리 능력이 없을 것이다."[27] 나아가 적당한 정보나 적당한 양의 정보를 갖고 있다 해도 그것만으로는 자신을 개선하는 쪽으로 변화할 만한 동기를 부여받지 못할 수도 있다.

2020년 초 신종 코로나 바이러스 감염증이 중국에서 급속히 퍼져 나갈 때 바이러스에 관한 정보가 충분치 않았던 서구 국가들은 감염 억제 초기 전략을 시행할 만한 긴급성을 인식하지 못했다. 바이러스의 확산 가능성에 대한 충분한 모델링이 이루어지지 않은 유럽에서는 세계 유행병 초기에 무엇에 대처해야 하는가에 진짜 무지했다. 하지만 데이터를 이용할 수 있게 된 후에도 미국이나 영국 같은 나라의 지도자들은 결정적인 몇 주간 이것을 무시했고, 정치·경제적인 이유로 모래에 머리를 파묻는 쪽을 택했다. 과학 공동체가 그들의 의도적 무지와 무대책을 강력하게 비난하고 자국의 사망자 수가 늘어나기 시작하고 나서야 이 지도자들은 다른 곳에서는 이미 몇 주 전에 시행된 비상조치를 받아들이기 시작했다. 그리고 이런 방역 조치들이 시행되면서 또 일반 공중이 알지 못하는 상태에서 동의를 구하지도 않고 데이터를 수집하는 새로운 방법들이 생겨났다.

매우 전염성이 높은 바이러스가 나타났다고 처음 경고한 의사들은 중국에서 무시당했으며 첫 내부 고발자들은 침묵을 강요당했다. 하지만 바이러스가 퍼지기 시작하자 중국 당국은 사태의 심각성을 깨닫고 얼른 엄격한 격리를 강제했는데, 이것이 가능했던 것은 대중에 대한 감시 덕분이었으며 이런 감시가 가능했던 것은 사람들의 움직임을 기록하는 이동전화 회사들로부터 데이터를 대량 수집하고, 나아가 공공장소의 카메라와 안면 인식 테크놀로지를 활용할 수 있었기 때문이다. 2020년 2월, 이란에서 바이러스가 퍼지기 시작하자 사람들은 코로나 바이러스 감염증에 관한 정보를 제공하는 앱을 내려받으라는 권고를 받았다.[28] 하지만 이 앱은 사람들의 이동을 추적하고 그 정보를 정부에 제공하기 위해 설계된 것이었다. 한국에서는 GPS 전화 데이터, 신용카드 기록, 감염자 각각에 대한 동선 면담을 이용해 사람들의 움직임을 추적했다.[29]

2020년 3월, 이스라엘 정부는 국내 보안 기관인 신베트가 바이러스에 감염된 사람들의 확진 전 2주간 이동전화 위치 데이터에 접근하는 것을 허용하는 긴급조치를 시행했다.[30] 그런 사이버

감시는 감염자 근처에 있던 다른 사람들에게 통지가 가능해지고 격리 명령도 더 쉽게 시행할 수 있다는 생각으로 정당화되었다. 데이터를 어떻게 수집하고 저장할 것인가, 어떤 테크놀로지 수단을 이용할 것인가, 데이터는 당면 목적에만 이용할 것인가, 언제 데이터를 삭제할 것인가 등의 법적 문제들은 옆으로 미뤄 두었으며, 이 때문에 바이러스 확산을 저지하는 일과 무관한 목적을 위해 데이터를 수집하는 것에 대한 걱정도 늘었다.[31]

코로나 바이러스의 확산과 관련해 많은 나라가 처음에 보여 준 무지는 역설적으로 이 정부들이 나중에 정책을 바꾸었을 때 대중 감시와 데이터 수집 전략들의 이행을 허용하는 역할을 했다. 그들이 처음에 보여 준 무지 때문에 일반 대중의 불안 수준이 높아졌고, 이 때문에 자신의 이동전화에서 데이터를 수집하는 것에는 크게 개의치 않게 된 셈이다. 문제는 정부가 위기의 시기에 개인이나 집단을 추적할 권리를 요구한 것이지만, 위기가 끝나도 이전의 상태로 돌아가진 않을 것이라는 점이다. 사람들이 정상적인 시기에도 온라인에서 마음대로 자신을 노출하고 자유롭게 자기 사생활을 공유하고 있음을 고려할 때, 특별한 시기에는 바이러스 확산을 막겠다는 진지한 희망으로 전보다도 기꺼이 정부의 사생활 침해를 허용할 수 있다.[32] 그러나 자신의 데이터에 무슨 일이 벌어지는지, 누가 거기에 접근하는지, 위기가 끝나도 계속 추적을 당할 것인지 등의 문제들과 관련된 사람들의 무지, 나아가 무력한 상태로 인해 결국 감시 증대와 우리의 권리에 대한 훨씬 더 큰 무시라는 대가를 치를 수도 있다.

20세기 초 미국의 인류학자 폴 라딘은 미국 원주민 가운데 위네바고 부족(지금은 호청크족으로 알려져 있다)을 연구했다. 같은 마을에 사는 이들은 두 개의 친족 집단으로 이루어져 있었는데, 마을의 구조를 묘사해 달라는 요청에 서로 아주 다른 방식으로 마을을 묘사하는 것에 라딘은 놀랐다. 첫 번째 집단에게 정착지를 그려 달라고 하자 그들은 집들이 원을 그리며 자리 잡고 있는 마을 배치도를 보여 주었고, 그곳에는 두 집단 구성원의 집들이 함께 모여 있었다. 그러나 두 번째 집단은 아주 다른 이미지를 그렸다. 마을을 가로지르는 가상의 분리선이 있었고, 한 집단의 집들은 분리선 한쪽 편에, 다른 집단은 건너편에 있었다.[1]

인류학자 클로드 레비-스트로스는 이 그림들을 분석하면서 핵심적인 문제는 마을의 진짜 배치가 어떠냐가 아니라 왜 두 집단이 현실을 이렇게 다르게 인식하느냐라고 생각했다. 그는 이런 인식의 차이는 두 집단 사이에 존재하는 복잡한 관계의 맥락에서 이해될 필요가 있다고 보았다. 두 집단의 구성원들은 사회구조에서 자신이 차지하고 있는 위치에 따라 이 복잡성을 개념화하려 했다.

더 중요한 것은 각 집단이 마을의 모양에 대한 특정한 인식에 따라 자신과 다른 집단을 중심이나 변방으로 간주하면서 자신의 지위를 유지할 수 있었다는 점이다.[2]

오늘날 우리가 사는 세계에 대한 관찰 역시 사람들 사이에 근본적 차이가 있는 것 같다. 미국에서 공화당원과 민주당원은 세계만이 아니라 자기 나라를 정반대로 본다. 영국에서 브렉시트 지지자와 반대자는 마치 서로 떨어진 양극단에 사는 것처럼 자기 나라의 이미지를 제시한다. 오스트레일리아에서 2020년 초 대규모 산불이 일어났을 때 정부는 기후변화를 부인하는 기업들과 마찬가지로 자국에서 벌어지고 있는 파괴의 현실을 보지 않으려 했다.

코로나19는 21세기 초 가장 의미심장한 미지의 대상 가운데 하나가 되었다. 바이러스가 지구적으로 퍼지기 시작했을 때 그것은 눈에 보이지 않고 새로웠으며, 치료법이나 백신은 존재하지 않았다. 이로 인해 각국은 감염병의 존재를 인정해야 할 시점에 이르러 세계지도를 서로 다르게 그리기 시작했다. 위네바고 부족의 절반이 자신의 지위를 유지해 주는 방식으로 마을을 인식했듯이, 코로나 바이러스 환자가 발생하지 않은 나라들은 오랫동안 감염병이 멀리 떨어진 다른 나라들만을 유린하는 것으로, 마치 자신들은 마법에 의해 그것으로부터 보호받고 있는 것으로 생각했다.

2019년 12월, 중국 당국은 환자들 사이에 새로운 유형의 폐렴이 나타나고 있다는 의사들의 경고를 무시했다. 2020년 1월 초가 되어서야 당국은 감염병의 급속한 확산을 인정했다. 처음에는 우한에서, 나중에는 다른 중국 도시들에서 즉각 대규모 봉쇄가 이루어졌다. 중국에서 수만 명이 감염되고 수백 명이 사망하면서 감염병이 이미 많은 아시아 국가들로 퍼지고 있을 때 미국과 대다수 유럽 국가들은 마치 자기 나라 국민들에게는 아무런 현실적 위험이 없는 것처럼, 자기들은 똑같은 행성에 살고 있지 않은 것처럼 행동했다. 감염병이 너무 멀리 떨어진 곳에서 벌어지고 있는 것으로 보였기 때문에 이곳 사람들은 쉽게 눈을 감고 자신들이 엄청난 규모의 물자와 사람이 쉬지 않고 순환하는 지구화된 세계에 살고 있다는 사실을 차치해 둘 수 있었다.

수많은 국가 지도자들이 코로나19에 대응하는 방식에서 부정·부인·무시가 만연했다. 북한은 중국과 국경을 맞대고 있음에도 2020년 3월 초, 코로나19 사례가 하나도 없다고 보고했다.[3] 러시아에 감염병이 이미 급속히 확산되고 있을 때 러시아의사연맹 노동조합장 아나스타시아 바실예바는 관리들이 코로나 바이러스 사망자를 폐렴 사망으로 분류하고 있다고 비판했다.[4] 러시아 당국은 일반적인 폐렴을 다루고 있는 척함으로써 의사들이 환자를 치료하는 데 필요한 보호 장비가 없다는 사실도 덮어 버릴 수 있었다. 마스크와 다른 장비가 부족하다는 의사들의 경고는 가짜 뉴스로 치부되었다.

　같은 시기 터키 정부는 여전히 코로나19 사례가 없다고 주장하고 있었다. 레케프 타이프 에르도간 대통령이 마침내 자기 나라에 감염 사례가 몇 건 있다고 인정했을 때 터키 국영 언론은 "터키인 유전자 덕분에 터키인 대부분은 면역력이 있다"라고 보도했다.[5] 대통령이 터키인에게 평소처럼 생활하라고 장려하고 있는 동안 온라인 매체들은 양고기 수프를 먹으면 새로운 바이러스로부터 보호받을 수 있다는 조언을 퍼뜨리기 시작했고, 그 바람에 식당들은 이 요리 주문을 감당하기 힘들 정도였다.

　감염병이 이탈리아·스페인·미국을 유린하고 이 나라들과 다른 곳에서 수천 명이 죽어 나가고 있을 때 브라질 대통령 자이르 보우소나루는 코로나19가 "감염된 브라질인 '90퍼센트'에게는 증상 없는 성가신 일"에 불과했다고 말했다.[6] 같은 시기에 멕시코 대통령 안드레스 마누엘 로페스 오브라도르는 새로운 바이러스 확산에 대한 불신을 공개적으로 표명하며 멕시코인들에게 계속 식당에서 식사하라고 권했다. 영국의 보리스 존슨 총리는 자신이 여전히 악수를 하고 있다고 자랑하다가 2020년 3월 말 코로나19 양성 판정을 받았다.

　감염병의 전 세계적 확산과 관련해 이용 가능한 정보는 점점 늘어났지만 그렇다고 이런 무시와 부인이 중단되지는 않았다. 어떤 경우에 무지는 "전략적"이었다. 벌어지고 있는 일을 아는 체하지 않음으로써 적어도 한동안은 경제가 계속 작동할 수 있었기 때문이다.[7] 이런 무지에는 경제를 계속 움직이는 많은 사람의 중요성을 인정하지 않으려는 태도가 결합되어 있었다. 저임금을 받는 일반 노동자들의 건강과 복지야말로 경제가 기능하는 전제 조건이라는 사실을 외면한 것이다. 나아가 새로운 바이러스가 젊고 생산적인 사람이 아니라 주로 늙고 병든 사람을 죽인다는 믿음과 관련된 부인이 있었는데, 이는 노인 차별과 장애인 차별의 문을 열었다.[8] 사회관계망을 통한 가짜 뉴스의 전파는 세계 유행병과 관련해 벌어지고 있는 일에 관한 혼란을 증폭했다. 처음부터 음모론이 급격히 확산되었고 나라들은 서로 책임을 전가했다. 일부 음모론은 바이러스가 중국의 생물 무기 센터에서 시작됐다는 주장을 받아들였고, 어떤 음모론은 바이러스를 미국에서 만들었다고 주장했다. 매체들 또한 무엇이 바이러스를 치료할 수 있는지, 무엇이 병을 악화시키는지, 당국이 감염을 억제하기 위해 어떤 조치를 제안하고 있는지, 어떤 테크놀로지가 병의 확산에 기여하고 있는지 등의 문제들에 관한 가짜 주장들로 가득했다.[9]

세계 유행병이 시작되기 전 덴마크와 미국의 정치학자 미카엘 방 페테르센, 마티아스 오스문센, 케빈 아르세네오는 인터넷을 이용해 가짜 뉴스, 음모론, 정치적 저의가 있는 공격을 퍼뜨리는 사람들의 동기가 무엇인지 질문했다. 이런 사람들과의 인터뷰 결과 그들도 자신들이 공유하는 이야기가 진실이라고 믿지 않는다는 사실이 드러났다. 그들에게 중요한 것은 분노를 자극하는 것이었으며, 일부 응답자는 자신이 만들어 내는 혼란을 즐긴다고 답했다. 어떤 사람들은 자연재해가 인류 대부분을 쓸어버려 소수의 사람들이 처음부터 다시 시작하는 공상을 한다고 인정했다. 설문에 답한 사람들 6000여 명 가운데 24퍼센트는 사회가 "잿더미가 되어야 한다"라고 생각했다. 연구자들은 혼돈에 대한 이런 욕구가 일부에게는 지위 상실 또는 불평등이 심각한 우리 사회에서 낙오했다는 느낌과 연결되어 있다고 추론했다.[10]

이 연구는 무시당한다고 느끼는 사람들이 정보의 정확성을 무시하는 경향이 더 크다는 것은 문제가 아님을 보여 준다. 이들이 불편한 지식에 눈을 감는 경향이 더 강하다는 것 또한 사실이 아닌 것으로 보인다. 의식적으로는 그들도 무엇이 가짜 뉴스이고 무엇이 아닌지 아주 잘 알고 있을 수 있다. 그러나 가짜 정보나 음모론을 퍼뜨릴 때 그들은 심리적 이득을 얻는다. 프로이트가 죽음 충동의 힘에 관해 말할 때 핵심은 단지 그것이 파괴의 의지와 연결되어 있다는 것만이 아니라 새로 시작하고 싶은, 영으로부터 창조하고 싶은, 또는 자크 라캉이 말한 대로 무로부터ex nihilo 창조하고 싶은 욕망과 연결되어 있기도 하다는 것이었다.[11] 이렇게 새로워진 세계가 어떤 모습일지에 대한 질문을 받게 될 때 파괴에 관한 공상에 잠기는 사람들은 대개 자신이 사라지는 것은 상상하지 않는다. 그러나 4장에서 논의한 HIV와 마찬가지로 자신을 바이러스에 노출하는 데서 즐거움을 찾는 사람들도 있었다.[12] 트럼프, 보우소나루, 존슨 같은 지도자들은 공중에게 사랑하는 사람을 잃을 수 있다고 경고하면서도 자신이 이 새로운 병에 걸릴 수 있다는 것은 부인했다.

코로나19 세계 유행병은 지구적인 구조 변화의 가능성을 열었다. 오늘날의 자본주의가 불평등을 심화하고 기후변화를 촉진하는 방식, 이윤(결국에는 소수의 호주머니로 들어가는 경향이 점점 강해지고 있는)에 대한 탐욕이 공적 부문을 무너뜨리고, 국가 의료보험을 궁핍하게 만들고, 보편 소득[기본 소득]과 더 지속 가능한 경제에 대한 계획들을 미뤄 두는 방식을 근본적으로 다시 생각하게 만든 것이다. 하지만 세계 지도자들은 자기 주위에서 벌어지고 있는 일과 미래를 위해 더 평등하고 환경친화적인 사회를 창조하는 데 필요한 행동을 무시했다. 2020년 3월 말 최초로 온라인으로 열린 G20 회의에서 세계 지도자들은 평소와 마찬가지로 기업 활동을 계속해 나갈 수 있도록 부인을 받아들였다.[13] 그들은 세계가 세계 유행병을 "극복할 것"이라고 허세를 부렸다. 마치 이런 선언만으로 그렇게 될 것처럼 말이다.

이 책이 보여 주었듯이 위기의 시기에 사람들은 트라우마를 주는 사건이나 감정과 마주하는 것을 피하려고 개별적으로 무지를 받아들이는 일이 많다. 그러나 어떤 사람들에게 이런 무지는 실제로 알지 못하는 것과는 관계가 없다. 오히려 그것은 끝도 없이 흘러드는 정보에 굴복하는 것이다. 코로나 바이러스 세계 유행병이 전 세계에 만연한 상황에서 내 친구 중 하나는 뉴스 감식가가 되었다. 그는 내가 아는 사람들 가운데 과학이 무슨 이야기를 하는지, 의사들이 사람들에게 어떤 보호 조치를 취하라고 하는지, 전 세계에서 감염과 관련해 무슨 일이 벌어지고 있는지에 관해 누구보다 많은 정보를 가진 것처럼 보였다. 그러다가 어느 날 그는 이 모든 뉴스를 읽는 게 이해를 위한 노력이 아니라, 세계 유행병이 현실이 아니라는 증거를 찾으려는 필사적인 시도임을 인정했다.

감사의 말

내 영어를 교정해 주고 이 책의 주제에 관해 수많은 귀중한 조언을 해준 존 스텁스, 제인 맬모, 수전 터커에게 감사한다. 새라 캐로는 저자가 꿈에서 그릴 만한 그런 편집자였다. 그녀는 내 주장을 더 잘 제시하는 방법에 관해 헤아릴 수 없이 많은 아이디어를 제공했다. 격려와 지원을 아끼지 않은 와일리 에이전시의 새러 챌펀트와 에마 스미스에게, 또 열심히 일해 준 프린스턴 대학 출판부 팀 전체에 감사한다.

대리언 리더, 데버러 봄, 조시 아피그나네시는 원고 전체를 읽어 주었으며, 고맙게도 매우 도움이 되는 논평을 해주었다. 헨리에타 무어, 브리지트 발부레, 제네비에브 모렐, 마테야 부차르, 마야 하울리나는 내가 예상치 못했던 각도에서 무지를 바라보게 해주었다. 아들 팀과 내 파트너 브랑코는 최고의 대화 상대였으며, 여동생 타냐, 어머니 힐다와 매일 나누는 잡담은 글쓰기에 반드시 필요한 휴식을 제공해 주었다. 고인이 된 아버지 후베르트는 내가 2장에서 사유한, 제2차 세계대전 이후 무지와 관련한 귀중한 기억들을 제공했다.

편하고 매력적이고 따뜻한 작업 환경을 만들어 준 슬로베니아 류블랴나 법대 범죄연구소 동료들, 많은 자극적인 토론을 해준 런던 대학 버벡 칼리지 법대의 동료들과 학생들에게 감사한다.

2장의 일부는 *Journal of the Centre for Freudian Analysis and Research*, no. 27(2016)에 발표되었다. 3장에서 제시된 아이디어 몇 가지는 앞서 *Diacritics* 47, no. 1(2019)에 실렸다. 7장에서 전개된 논의의 이전 형태는 에세이 모음집『빅데이터, 범죄, 그리고 사회통제』*Big Data, Crime, and Social Control*(알레시 자브르슈니크Aleš Završnik 편, London: Routledge, 2019)에 발표되었다.

슬로베니아 연구소의 연구비 지원(No P5-0221과 No J5-8242)에 감사한다. 또 마리 스쿼도브스카 퀴리Marie Skłodowska-Curie 지원 협정 No 734855에 따른 2020 유럽연합 연구 지원 프로그램European Union's Horizon 2020 research and innovation program에서도 연구비를 받았음을 밝혀 둔다.

옮기고 나서

이 책의 원제인 "무지를 향한 열정"passion for ignorance은 사실 "무지로 인한 번민" 정도로 옮기는 게 옳을지도 모른다. 이 말의 출발점이 불교의 무명번뇌無明煩惱이고, 이것은 대체로 십이연기十二緣起의 근본인 무명으로 인해 생기는 번뇌라고 받아들여지기 때문이다. 여기에서 무명은 보통 진리를 깨닫지 못하는 상태를 가리킨다.

그러나 간단한 질문을 던져볼 수 있다. 왜 모든 고苦와 윤회의 제일원인이라고 할 수 있는 무명의 상태가 유지되는 것일까? 인간은 왜 무명을 깨치고 진리와 지혜로 나아가지 못하는 것일까? 이 질문에 대해 그것은 번뇌 때문이라고 답할 수도 있을 듯하다. 즉, 무명은 번뇌의 원인이지만 결과일 수도 있다는 말이다. 실제로 '번뇌'를 뜻하는 팔리어 아사바asava나 산스크리트어 아스라바asrava에는 '갈망'이라는 뜻도 있다. 우리는 무명에서 벗어나고 싶다고 말하지만, 동시에 무명의 결과로 빚어진 현재의 존재 상태를 그대로 유지하고 싶은 갈망도 품고 있는지 모른다. 다르게 표현하면, 진리가 우리를 자유롭게 한다는 것을 알면서도 진리에 눈을 감은 채 속박의 상태를 그대로 유지하고 싶은 갈망이 존재하는 것이다. 담배가 여러 면에서 해롭다는 것을 알면서도 담배를 피우고 싶은 갈망은 여전할 수 있다. 세상 모든 것을 알고 싶은 강렬한 욕구의 이면에는 어떤 이유에서든 알고 싶지 않은 마음도 도사리고 있다.

이 책의 저자 살레츨에 따르면, 불교에서 말하는 이런 무명과 번뇌의 관계를 정신분석과 연결한 사람이 라캉이다. 정신분석 상담을 하러 와서 괴로움을 토로하는 사람들은 과연 진정으로 그 괴로움에서 벗어나고 싶은 것일까? 라캉은 많은 사람이 자신의 괴로움을 이해하고 싶다고 하면서도 정작 괴로움의 원인을 인정해야 하는 상황이 오면 눈길을 돌려 버리는 것을 보며, 그들의 태도를 불교 용어를 빌려 "무지를 향한 열정"이라고 표현했다.

살레츨은 라캉이 차용한 이 개념이 정신분석 상담실 밖에서도 유용하게 활용할 수 있는 분석 도구라고 본다. 그래서 이 도구를 날카롭게 가다듬는 작업부터 시작한다. 살레츨은 무명, 즉 라캉의 무지 개념에 알지 못하는 상태와 알고 싶지 않은 상태가 함께 담겨 있다고 보고, 이를 표현하기 위해 무지와 관련된 무시·부정·부인 등의 개념을 끌어들인다. 그리고 이렇게 풍부하게 보완하고 정비한 개념들을 들고 우리가 살고 있는 세상으로 나간다. 코로나가 장악하고 있는 지금 이 세상이다. 물론 이 책은 코로나의 창궐 이전에 준비된 것이며, 그렇기에 유전자 검사, 병원에서 흔히 이루어지는 사전 고지, 데이팅 앱, 빅데이터 등 우리 삶을 크게 바꾸어 놓을 수 있는 굵직한 현안들을 차근차근 다루지만, 아마도 이 책을 준비하는 동안 터졌을 코로나 사태에도 순발력을 발휘하여 다가가 이 사태에서 무지와 부인이 어떻게 작동하는지 분석하는데, 그 과정에서 살레츨의 분석 도구의 탄력성과 범용성은 충분히 확인되는 듯하다. 살레츨은 이렇게 우리 현재 삶의 여러 문제를 시야 안에 두면서도 전쟁·병·사랑 등 보편적인 문제들에까지 논의의 폭을 넓혀 간다. 그 전개를 보고 있노라면 어떤 면에서는 살레츨의 의도와 관계없이 무명이 모든 괴로움의 원천이라는 말이 증명되고 있는 듯한 느낌마저 든다.

이 정도만으로도 꽤나 흥미로운 책이지만, 옮긴이가 보기에 이런 장점들을 넘어서는 이 책의 또 한 가지 중요한 장점은 알고 싶어 하면서도 알고 싶어 하지 않는 사람들의 양면성, 무지의 부정적 측면과 긍정적 측면이라는 양면성 등 얼핏 모순으로 보이는 두 가지를 동시에 포착하는, 쉽지 않은 곡예에서 살레츨이 끝까지 균형을 유지한다는 점이다. 그 덕분에 이 책은 보기 드문 입체성을 띠게 되었는데, 그것은 곧 이 책이 우리 삶의 양상을 더 정확하게 반영하게 되었다는 뜻이며, 결국 우리가 이 책에서 도움을 얻을 것이 그만큼 많아졌다는 뜻이기도 하다.

미주

서론

1 Katie Rogers and Maggie Haberman, "Trump Now Claims He Always Knew the Coronavirus Would Be a Pandemic," *New York Times*(2020/03/17).

2 *Merriam-Webster*, s.v. "passion(*n*.)."

3 Jamie Holmes, *Nonsense: The Power of Not Knowing*(New York: Crown, 2015).

4 William Davis, *Nervous States: How Feeling Took Over the World*(London: Jonathan Cape, 2018).

5 전략적 무지도 있는데, 이것은 "선택의 여지를 남기기 위해, 책임을 회피하기 위해, 또 공정성과 정당한 판단을 확보하기 위해 부인 가능성과 결백한 상태"를 유지하는 데 일조한다. Daniel R. DeNicola, *Understanding Ignorance: The Surprising Impact of What We Don't Know*(Cambridge, MA: MIT Press, 2017), 84.

1 무지의 여러 얼굴

1 Sam Knight, "Is a High IQ a Burden as Much as a Blessing?,"

Financial Times(2009/04/10).

2 Richard S. Tedlow, *Denial: Why Business Leaders Fail to Look Facts in the Face and What to Do about It*(London: Penguin, 2010).

3 Tedlow, *Denial*, xxii.

4 Tedlow, *Denial*, xv.

5 George Orwell, *1984*(London: Penguin, 1956), 169[『1984』, 정희성 옮김, 민음사, 2003, 294-95쪽/『1984』, 김기혁 옮김, 문학동네, 2009, 257쪽].

6 Ibid.

7 Henrik Ibsen, *The Wild Duck*(New York: Dover Thrift Editions, 2000).

8 사회심리학 연구는 이른바 더닝-크루거 효과에 주목하는데, 이것은 사람들이 자신의 능력을 평가하는 데 문제가 있음을 보여 준다. 사람들은 능력이 떨어질수록 자신의 무능을 인식하는 능력도 떨어지는 경우가 많다. 다음을 참조할 것. Justin Kruger and David Dunning, "Unskilled and Unaware of It: How Difficulties in Recognizing One's Own Incompetence Lead to Inflated Self-Assessments," *Journal of Personality and Social Psychology* 77, no. 6(1999): 1121-34.

9 Thomas Gilovich, *How We Know What Isn't So: The Fallibility of Human Reason in Everyday Life*(New York: Free Press, 1991), 77[『인간 그 속기 쉬운 동물』, 118쪽].

10 Ann Kerwin, "None Too Solid: Medical Ignorance," *Knowledge* 15, no. 2(1993/12/01): 166-85. 이런 무지 개념들의 예로는 다음을 참조할 것. Marlys Hearst Witte, Peter Crown, Michael Bernas, and Charles L. Witte, "Lessons Learned from Ignorance: The Curriculum on Medical(and Other) Ignorance," in *The Virtues of Ignorance: Complexity, Sustainability, and the Limits of Knowledge*, ed. Bill Vitek and Wes Jackson(Lexington: University Press of Kentucky, 2010), 253.

11 Nancy Tuana, "The Speculum of Ignorance: The Women's Health Movement and Epistemologies of Ignorance," *Hypatia* 21, no. 3(2006/08/01): 1-19.

12 내가 참조한 번역은 다음에서 재인용한 것이다. Fred Dallmayr, *In Search of the Good Life: A Pedagogy for Troubled Times*(Lexington: University Press of Kentucky, 2007), 70에 인용된 Nicolaus de Cusa, *De Docta Ignorantia*의 개정된 번역. 달마이어는 Hopkins, *Nicholas of Cusa on Learned Ignorance: A Translation and an Appraisal of "De Docta Ignorantia"*(Minneapolis: Arthur J. Banning, 1981)에 나오는 홉킨스의 번역을 수정했다.

13 Ibid.

14 Ibid.

15 Sigmund Freud, "Negation," in *The Standard Edition of the Complete Psychological Works of Sigmund Freud*, James Strachey et al., vol. 19(1923~1925), *The Ego and the Id and Other Works*(London: Vintage Classics, 2001), 235-39[「부정」, 『정신분석학의 근본 개념』, 윤희기 외 옮김, 열린책들, 2020, 453쪽].

16 정신분석은 부인을 거짓말과 동일시하면 안 된다고 강조한다. 부인은 또 "도덕적 실패라기보다는 인간적 결함으로 간주"되어야 한다. Wilfried Ver Eecke, *Denial, Negation, and the Forces of the Negative: Freud, Hegel, Spitz, and Sophocles*(Albany: State University of New York Press, 2006), 123.

17 Otto Fenichel, *The Psychoanalytic Theory of Neurosis*(New York: Norton, 1996).

18 Sandor S. Feldman, *Mannerisms of Speech and Gestures in Everyday Life*(New York: International Universities Press, 1959).

19 Daisetz Teitaro Suzuki, *Essays in Zen Buddhism: First Series*(London: Rider, 1958), 129.

20 Suzuki, *Essays in Zen Buddhism*, 128.

21 Milton J. Horowitz, *Stress Response Syndromes*(Oxford: Jason Aronson, 1976).

22 Mark Hobart, "Introduction: The Growth of Ignorance?," in *An Anthropological Critique of Development: The Growth of Ignorance*, ed. Mark Hobart(London: Routledge, 2004), 1-30.

23 로이 딜리는 세네갈 장인들을 분석하면서 기예를 활용하는 직업이 세습된다고 인식될 때 장인 가족 구성원이 특정 기술을 익히지 못하는 것은 학습 능력의 문제만이 아니라 아는 것과 알지 못하는 것에 관한 복잡한 문제를 낳는다고 지적한다. Roy Dilley, "Reflections on Knowledge Practices and the Problem of Ignorance," *Journal of the Royal Anthropological Institute* 16(2010): S176-92.

24 Ellen Barry, "How to Get Away with Murder in Small-Town India," *New York Times*(2017/08/19).

25 Suhasini Raj and Ellen Barry, "Indian Police Files Murder Charges after Times Describes Cover-Up," *New York Times*(2017/09/18).

26 Charles W. Mills, "Global White Ignorance," in *Routledge International Handbook of Ignorance Studies*, ed. Matthias Gross and Linsey McGoey(London: Routledge, 2015), 217-27.

27 Tod Hartman, "On the Ikeaization of France," *Public Culture* 19, no. 3(2007): 483-98.

28 Lisa K. Son and Nate Kornell, "The Virtues of Ignorance," *Behavioral Processes* 83, no. 2(February 2010): 207-12.

29 Stuart Firestein, *Ignorance: How It Drives Science*(Oxford: Oxford University Press, 2012).

30 Joanne Roberts and John Armitage, "The Ignorance Economy," *Prometheus* 26, no. 4(2008): 346.

31 Robert N. Proctor, "Agnotology: A Missing Term to Describe the Cultural Production of Ignorance(and Its Study)," in *Agnotology: The Making and Unmaking of Ignorance*, ed. Robert N. Proctor and Linda Schiebinger(Stanford, CA: Stanford University Press, 2008), 1-35.

2 빈 무덤
전쟁에서의 무지·망각·부인

1 Beth Kampschror, "Alija Goes Bye-Bye: Bosnia's President Retires Gracefully," *Central Europe Review* 2, no. 36(2000/10/23).

2 왜 세인트루이스에 그렇게 보스니아인이 많을까? 한 가지 설명은 보스니아 전쟁 때 난민이 미국으로 들어오기 시작하자 국무부가 세인트루이스 재정착 연구소와 협력해 많은 난민을 이 도시에 자리 잡게 했다는 것이다. 이 도시에는 이미 보스니아 주민이 어느 정도 있었기 때문에 이런 재정착에 도움이 되었다. 나아가 매우 적극적인 대학 사서가 대학이 젊은 보스니아인에게 장학금을 많이 제공하도록 주선했다. 세인트루이스에서 보스니아 공동체가 성장하면서 그 구성원들은 모국어를 사용할 수 있는 서비스 센터를 많이 세웠다. 이런 상황 때문에 원래 미국의 다른 지역에 자리 잡았던 보스니아인이 세인트루이스로 많이 이사했다. 현재 이 공동체는 약 7만 명 이상을 헤아린다. 여기에는 보스니아어 신문이 있고, 보스니아어를 사용하는 의사와 법률가도 있으며, 많은 가게가 구유고슬라비아 공화국에서 만든 제품을 판매한다.

3 구유고슬라비아국제형사재판소는 집단 학살, 인도에 반하는 죄를

비롯한 다수의 전쟁범죄 혐의로 1994년, 라트코 믈라디치를 기소했다. 그러나 그는 2011년까지 숨어 있었기 때문에 그의 재판은 2012년에야 헤이그에서 시작됐다.

4 구유고슬라비아국제형사재판소, 라트코 믈라디치 재판에서의 증언(2012/07/09). http://www.icty.org/x/cases/mladic/trans/en/120709IT.htm.

5 에르타나의 아버지 수크리자는 세인트루이스의 보스니아 신문 『사바』*Sabah*를 창간했다. 전쟁에서 뭐가 가장 생생하게 기억나느냐고 묻자 그는 이렇게 답했다, "죽음의 냄새, 시체들의 냄새." Doug Moore, "Bosnia:Bosnians in St. Louis Area Mark a Time of Trouble," *STLtoday*,(2012/04/04).

6 Ibid.

7 나이 많은 축에 속하는 많은 난민이 자식들과 겪는 갈등은 난민 공동체에 감춰진 트라우마의 하나다. 자식들은 보통 영어를 제대로 배워 가족의 통역사 역할을 하는 경우가 많다. 그들은 또 새 나라의 법도 배워 가끔 그것을 자신들에게 유리하게 이용한다. 예를 들어 부모와 갈등이 생기면 경찰에 아동 학대로 신고하겠다는 말로 부모를 협박할 수도 있다. 역설적으로, 어떤 경우에는 자식들이 전쟁의 드라마에서 탈출한 사람들의 새로운 박해자가 된다.

8 Todd Dean, "How to Measure What: Universals, Particulars and Subjectivity," in *On Psychoanalysis and Violence: Contemporary Lacanian Perspectives*, ed. Vanessa Sinclair and Manya Steinkoler(London: Routledge, 2018), 127-36.

9 딘은 구유고슬라비아에서 마음대로 말했다는 이유로 죽거나 감옥에 간 사람을 모두가 알고 있으며, 그래서 이 세대 사람들은 말을 이용한 치료를 받게 되면 큰 불안을 드러내고 종종 마음을 열지 못하는 일이 생긴다고 지적한다.

10 Dori Laub and Nanette C. Auerhahn, "Knowing and Not Knowing Massive Psychic Trauma: Forms of Traumatic Memory," *International Journal of Psychoanalysis* 74, no. 2(1993): 287-302.

11 Ruth Wajnryb, *The Silence: How Tragedy Shapes Talk*(Crows Nest, New South Wales: Allen and Unwin, 2002), 165.

12 Jacques Lacan, *The Seminar of Jacques Lacan*, bk. 1, *Freud's Papers on Technique*, ed. Jacques-Alain Miller, trans. John Forrester(New York: W. W. Norton, 1993), 191[『세미나 1: 프로이트의 기술론』, 344쪽].

13 전쟁 전 보스니아에서 세르비아인이 지배하던 지역 출신의 한 이슬람교도는 유고슬라비아 민족들 간의 형제애와 통일을 믿었다. 전쟁이 본격화되기 전 이웃들은 그에게 목숨이 위험하다고 말했고, 그래서 그는 읍 근처 숲으로 피신했다. 전쟁이 시작되자 그는 계속 숲에 숨어 있을 수밖에 없었고 어쩔 수 없이 그곳에서 2년을 보내다 결국 세르비아군에 체포되어 수용소에 갇혔다. 그는 숲과 수용소에서 다 살아남았고 나중에 난민으로 덴마크에 이르렀다. 그런데 난민 지위를 신청하면서 그는 전쟁이 벌어졌다는 사실을 부인하기 시작했다. 숲에서 생활한 이야기를 하면서도 전쟁 때문에 숨어 있었다는 사실은 드러내지 않았다. 또 거기에 2년 동안 숨어 있으면서 어떤 고통도 겪지 않았다고 말했다. 그러나 다른 사람들에게 일어난 끔찍한 일들에 관해서는 계속 이야기했으며, 그러면서도 그 이야기를 하는 것이 자신의 무시무시한 경험을 전달하는 것일 수도 있다는 사실은 인정하려 하지 않았다. 이 남자는 가족으로부터 치료를 받아 보라는 말을 들었으나 거부했다.

14 Gilead Nachmani, "Trauma and Ignorance," *Contemporary Psychoanalysis* 31, no. 3(1995/07/01): 423-50.

15 Nachmani, "Trauma and Ignorance," 424.

16 Julio A. Granel, "Considerations on the Capacity to Change, the Clash of Identifications and Having Accidents," *International Review of*

Psycho-Analysis 14(1987): 483-90.

17 Wilfred R. Bion, *Seven Servants*(New York: Jason Aronson, 1977).

18 아모르 마쇼비치Amor Mašović와 그의 동료들은 스레브레니차에서 살해당한 6000명 이상을 확인하는 데 도움을 주었다.

19 소날리 데라냐갈라는『천 개의 파도』*Wave: A Memoir of Life after Tsunami*(London: Virago, 2013)에서 2004년 스리랑카 쓰나미 때 아들들과 남편, 부모를 잃은 이야기를 하는데, 여기에서도 옷가지 하나가 사랑하는 사람들의 유해를 찾는 데 중요한 역할을 한다. 어머니는 잃어버린 아들의 녹색 티셔츠를 발견하자 아들의 생존에 대한 희망을 잃는다.

20 Amir Mašovič, "Genocid brez konca," interview by Branko Soban, in *Zločin brez kazni*(Ljubljana: Sanje, 2013), 127-33.

21 Rachel E. Cyr, "Testifying Absence in the Era of Forensic Testimony," *International Journal of Politics, Culture, and Society* 26, no. 1(2013): 101.

22 오스토야 마랴노비치는 보스니아 전쟁 때 프리예도르 근처의 광산회사 책임자였다. 2013년, 이 광산 두 곳에서 사체 수백 구가 진흙에 덮인 집단 매장지가 발견되었다. 2년 뒤 헤이그 형사 재판소에 증인으로 출석했을 때 마랴노비치는 집단 매장지에 관해 몰랐다고 주장하며 그 주검들이 어디서 왔는지 전혀 모른다고 말했다. 그러나 1992년 비세르비아인들이 광산 한 곳에서 살해당했다는 사실을 아느냐는 질문을 받았을 때는 그런 일이 일어났을 가능성이 있다고 말했다. 광산에서 일어난 범죄를 몰랐다는 마랴노비치의 주장은 특이한 것이었다. 그 광산들이 전시에 비세르비아인의 구금소로 이용되었다는 사실은 잘 알려진 일이었기 때문이다. 범죄 20년 뒤 주검의 법의학적 발견이 없었다면 이 구금소에 있던 이들에게 일어난 일의 진상은 드러나지 않았을 것이다. Denis Dzidic, "Bosnia Discovers Two Wartime Mass Graves," *Balkan Transitional Justice*(2015/06/09).

23 Cyr, "Testifying Absence in the Era of Forensic Testimony."

24 Lara J. Nettelfield and Sarah E. Wagner, *Srebrenica in the Aftermath of Genocide*(Cambridge: Cambridge University Press, 2014).

25 Jovana Mihajlović Trbovc, "Memory after Ethnic Cleansing: Victims' and Perpetrators' Narratives in Prijedor" [treatises and documents], *Journal of Ethnic Studies* 72(2014): 25-41.

26 Mihajlović Trbovc, "Memory after Ethnic Cleansing," 28.

27 Mihajlović Trbovc, "Memory after Ethnic Cleansing"(2013/06/30). 보스니아 난민이 오마르스카와 다른 임시 수용소에서 가족을 잃은 일을 추모하러 프리예도르에 모였을 때 그들은 수용소에서 피해자들이 강제로 차야 했던 완장을 기억하며 자신의 소매에 하얀 완장을 두르기로 결정했다. 현지 세르비아 정치인 한 사람은 "또 하나의 동성애자 퍼레이드"라는 말로 이를 조롱했다. "Marko Pavićnazvao Dan bijelih traka 'slavljem' i 'gay paradom,'" *Klix*(2013/06/01).

28 Mihajlović Trbovc, "Memory after Ethnic Cleansing."

29 Colin Freeman, "Ratko Mladic Walks out of Radovan Karadzic War Crimes Trial," *Telegraph*(2014/01/28).

30 Freeman, "Ratko Mladic Walks out of Radovan Karadzic War Crimes Trial."

31 Natalie Huet, "Relief and Justice for Relatives of Srebrenica," *Euronews*(2017/11/22).

3 몸속의 비밀
유전자에 관한 비밀과 지식

1 Nikos Panayotopoulos, *Le gène du doute*, trans. Gilles Descorvet(Paris: Gallimard, 2004).

2 이런 유전자 데이팅 앱을 만들려는 시도는 선별적 출산만이 아니라 사람들을 "받아들일 수 있는 인간과 그렇지 않은 인간"으로 분류하는 문을 열 수 있다는 이유로 비판 받았다. Courtney Linder, "Harvard Geneticist Wants to Build Dating App That Sure Sounds like Eugenics," *Popular Mechanics*(2019/12/10).

3 Ashifa Kassam, "Sperm Bank Sued as Case of Mentally Ill Donor's History Unfolds," *Guardian*(2016/04/14).

4 Greg Land, "Judge Dismisses Third Sperm Bank Lawsuit over Dodgy Donor," Law.com(2018/02/26).

5 Matthew Renda, "Judge Clears Sperm Bank Fraud Case for Trial," Courthouse News Service(2017/03/31).

6 Lindsey Bever, "White Woman Sues Sperm Bank after She Mistakenly Gets Black Donor's Sperm," *Washington Post*(2014/10/02).

7 Kim Bellware, "White Woman Who Sued Sperm Bank over Black Baby Says It's Not about Race," Huffington Post(2014/10/02).

8 Aristotle, *The Metaphysics*(Buffalo, NY: Prometheus Books, 1991).

9 J. Allan Hobson, *Dream Life: An Experimental Memoir*(Cambridge, MA: MIT Press, 2011).

10 이 이야기를 알려 준 리자베타 젤디나Lizaveta Zeldina에게 감사한다.

11 Calvin A. Colarusso, "Living to Die and Dying to Live: Normal and

Pathological Considerations of Death Anxiety," in *The Wound of Mortality: Fear, Denial, and Acceptance of Death*, ed. Salman Akhtar(Lanham, MD: Jason Aronson, 2010), 107-23.

12 Andree Lehman, "Psychoanalysis and Genetics: Clinical Considerations and Practical Suggestions," in *Being Human: The Technological Extensions of the Boundaries of the Body*, ed. Paola Mieli, Jacques Houis, and Mark Stafford(New York: Marsilio, 2000), 201-10.

13 유전적으로 전달되는 잠재적인 병에 관한 정보를 주는 상업적 검사에서 사람들은 자신의 우려에 관해 말할 기회나 위험이 의미하는 바에 관한 추가 정보를 얻을 기회가 없는 경우가 많다. Carrie Arnold, " 'We Are All Mutants Now': The Trouble with Genetic Testing," *Guardian*(2017/07/18).

14 Dirk Lanzerath 등, *Incidental Findings: Scientific, Legal and Ethical Issues*(Cologne: Deutscher Arzte-Verlag, 2013).

15 Emiliano Feresin, "Lighter Sentence for Murderer with 'Bad Genes,' " *Nature*(2009/10/30).

16 Avshalom Caspi, Joseph McClay, Terrie E. Moffitt, Jonathan Mill, Judy Martin, Ian W. Craig, Alan Taylor, and Richie Poulton, "Role of Genotype in the Cycle of Violence in Maltreated Children," *Science* 297, no. 5582(2002/08/02): 851-54.

17 Adrian Raine, *The Anatomy of Violence: The Biological Roots of Crime*(London: Allen Lane, 2013).

18 Dan Malone and Howard Swindle, *America's Condemned: Death Row Inmates in Their Own Words*(Kansas City, MO: Andrews McMeel, 1999), Kindle edition.

19 Raine, *The Anatomy of Violence*, 79.

20 Raine, *The Anatomy of Violence*, 60.

21 1995년, 랜드리건은 처형을 피하기 위해 애리조나주 법원에 판결 후 구제 청원을 내면서 만일 변호인이 가족 내의 폭력을 구성하는 생물학적 요소 이론을 자신과 논의했다면 이를 증거로 제출하자는 제안은 받아들였을 것이라고 진술했다. 애리조나주 법원은 랜드리건의 주장을 받아들이지 않았지만 2006년 미합중국 항소법원 제9순회재판소는 랜드리건 재판에서 그에게 증인신문을 허용했을 때 변호인의 대리가 효과적이지 못했다고 인정했다.

22 Schriro v. Landrigan, 550 U.S. 465(2007).

23 Landrigan v. State, 1985 OK CR 52, 700 P.2d 218(1985).

24 Malone and Swindle, *America's Condemned*, Kindle edition.

25 Evelyn Fox Keller, *The Century of the Gene*(Cambridge, MA: Harvard University Press, 2002).

4 병을 부인하는 사람들

1 선택과 건강에 관해서 더 알아보려면 다음을 참조할 것. Renata Salecl, *The Tyranny of Choice*(London: Profile Books, 2010).

2 불멸 운동의 한 예는 '꺼지지 않는 불꽃 재단'Eternal Flame Foundation인데, 이 조직은 나중에 '무한인간'People Unlimited으로 개명했다. 그 구성원들의 사명은 "죽음을 왕좌에서 내쫓고" 불멸을 자신들의 DNA에 받아들여 그것을 주위 사람들과 나누는 것이다. 구성원이 죽으면 보통 불멸에 대한 그 사람의 믿음이 강하지 못했다고 설명한다. Ryan Van Velzer, "Immortality Eludes People: Unlimited Founder," azcentral.com(2014/11/28).

3 Shlomo Breznitz, "The Seven Kinds of Denial," in *The Denial of*

Stress, ed. Shlomo Breznitz(New York: International Universities Press, 1983), 257-80. 또 다음을 참조. Theodore L. Dorpat, *Denial and Defense in the Therapeutic Situation*(New York: Jason Aronson, 1985).

4 Breznitz, "The Seven Kinds of Denial," 34.

5 Emma Moersch, "Zur Psychopathologie von Herzinfarkt-Patienten," *Psyche: Zeitschrift fur Psychoanalyse und ihre Anwendungen* 34, no. 6(1980): 493-587.

6 이 정보를 전해 준 보루트 유그Borut Jug 박사에게 감사한다.

7 칠레의 정신분석가 미구엘 레예스 실바Miguel Reyes Silva와 나눈 개인적 대화.

8 Ruth S. Shalev, "Anosognosia: the Neurological Correlate of Denial of Illness," in *Denial: A Clarification of Concepts and Research*, ed. Elieser Ludwig Edelstein, Donald L. Nathanson, and Andrew M. Stone(Boston: Springer, 1989), 119-24.

9 Edwin A. Weinstein and Malvin Cole, "Concepts of Anosognosia," in *Problems of Dynamic Neurology*, ed. L. Halpern(New York: Grine and Stratton, 1963), 254-73.

10 Weinstein and Cole, "Concepts of Anosognosia."

11 Catherine Morin, *Stroke, Body Image, and Self-Representation: Psychoanalytic and Neurological Perspectives*(London: Routledge, 2018).

12 Herman Musaph, "Denial as a Central Coping Mechanism in Counterhypochondriasis," in Edelstein, Nathanson, and Stone, *Denial*, 232.

13 Roger Higgs, "Truth Telling, Lying and the Doctor-Patient Relationship," in *Principles of Health Care Ethics*, ed. Richard E. Ashcroft

et al.(Chichester, UK: John Wiley and Sons, 2007), 333-37.

14 Ruth R. Faden, Tom L. Beauchamp, and Nancy King, *A History and Theory of Informed Consent*(New York: Oxford University Press, 1986).

15 Tom L. Beauchamp, "Informed Consent: Its History, Meaning, and Present Challenges," *Cambridge Quarterly of Healthcare Ethics* 20, no. 4(2011): 515-23; Peter M. Murray, "The History of Informed Consent," *Iowa Orthopaedic Journal* 10(1990): 104-9.

16 Neil C. Manson, "Consent and Informed Consent," in Ashcroft et al., *Principles of Health Care Ethics*, 297-303.

17 Trudo Lemmens, "Informed Consent," in *Routledge Handbook of Medical Law and Ethics*, ed. Yann Joly and Bartha Maria Knoppers(Abingdon, UK: Routledge, 2014), 27-51.

18 대리언 리더와 데이비드 코필드는 의학이 종종 사람의 병과 관련된 무의식적 요인을 간과한다는 것, 또 우리는 왜 어떤 사람의 병이 사랑하는 사람을 잃은 그 날짜에만 나타나는가 하는 문제에 대한 합리적 이유를 찾지 못하는 경우가 많다는 것을 보여 주었다. Darian Leader and David Corfield, *Why Do People Get Ill?*(London: Hamish Hamilton, 2007).

19 Justin Oakley, "Patients and Disclosure of Surgical Risk," in Ashcroft 등, *Principles of Health Care Ethics*, 319-24.

20 Merle Springs, "The Practical Limits and Value of Informed Consent," in *Informed Consent and Clinician Accountability: The Ethics of Report Cards on Surgeon Performance*, ed. Steve Clarke and Justin Oakley(Cambridge: Cambridge University Press, 2007), 134-46.

21 Sally A. Santen, Robin R. Hemphill, Cindy M. Spanier, and Nicholas D. Fletcher, " 'Sorry, It's My First Time!' Will Patients Consent to Medical Students Learning Procedures?," *Medical Education* 39, no.

4(2005): 365-69.

22 Paul Kalanithi, *When Breath Becomes Air*(New York: Random House, 2016).

23 Sigmund Freud, "Thoughts for the Times on War and Death," in *The Standard Edition of the Complete Psychological Works of Sigmund Freud*, ed. James Strachey et al., vol. 14(1914~1916), *On the History of the Psycho-Analytic Movement, Papers on Meta-psychology and Other Works*(London: Vintage Classics, 2001), 296.

24 그래서 라캉은 말한다. "죽음은 절대 그 자체로 경험되지 않으며, 절대 현실이 아니다. 인간은 그저 상상의 공포를 두려워할 뿐이다." Jacques Lacan, *The Seminar of Jacques Lacan*, bk. 1, *Freud's Papers on Technique*, ed. Jacques-Alain Miller, trans. John Forrester(New York: W. W. Norton, 1991), 223[『세미나 1: 프로이트의 기술론』, 395쪽].

25 David A. Moskowitz and Michael E. Roloff, "The Existence of a Bug Chasing Subculture," *Culture, Health and Sexuality* 9, no. 4(2007): 347-57.

26 항바이러스 약품의 성공 이후 자신을 "바이러스 추적자"라고 부르던 사람들은 HIV가 쉽게 관리될 것이라고 믿기 시작했다. 이들은 살면서 언젠가는 감염될 것이기 때문에 스스로 일부러 감염되는 것이 어차피 다가올 일을 더 걱정하지 않는 방법이라고 보았다. Esben Elborne, "When HIV Is Considered a Gift," *Vice*(2014/06/23).

27 David Rieff, *Swimming in a Sea of Death: A Son's Memoir*(New York: Simon and Schuster, 2008).

28 David Rieff, "Why I Had to Lie to My Dying Mother," *Guardian*(2008/05/18).

29 Elisabeth Kubler-Ross, *On Death and Dying*(New York: Macmillan,

1969).

30 Avery Weisman, *On Dying and Denying: A Psychiatric Study of Terminality*(New York: Behavioral Publications, 1972).

31 Camilla Zimmermann, "Denial of Impending Death: A Discourse Analysis of the Palliative Care Literature," *Social Science and Medicine* 59, no. 8(2004/10): 1769-80.

32 Zimmermann, "Denial of Impending Death," 1773.

33 Zimmermann, "Denial of Impending Death."

34 Kathy Charmaz, *The Social Reality of Death: Death in Contemporary America*(Reading, MA: Addison Wesley, 1980).

35 Christine Colby, "You're Going to Die, Here's How to Deal with It," *Lifehacker*(2017/02/01).

36 Sandra Laville, "Hans Kristian Rausing Kept Wife's Body Because He Felt 'Unable to Let Her Leave,' " *Guardian*(2012/08/01).

37 Hannah Devlin, "The Cryonics Dilemma: Will Deep-Frozen Bodies Be Fit for New Life?," *Guardian*(2016/11/18).

38 Russ Banham, "The Departed: Communicating with Lost Loved Ones through AI and VR," Dell Technologies(2019/12/04).

39 Kristin Houser, "Watch a Mother Reunite with Her Deceased Child in VR: Would You Want to See a Deceased Loved One Again—in a Virtual World?," *Futurism*(2020/02/07).

5   맹목적 사랑에 빠진 사람들

1 Jacques Lacan, *The Seminar of Jacques Lacan*, bk. 8, *Transference*, ed.

Jacques-Alain Miller, trans. Bruce Fink(Cambridge: Polity Press, 2015).

2 Jacques Lacan, *The Seminar of Jacques Lacan*, bk. 1, *Freud's Papers on Technique*, ed. Jacques-Alain Miller, trans. John Forrester(New York: W. W. Norton, 1988), 271[『세미나 1: 프로이트의 기술론』, 481쪽]. 상징계가 우리가 사는 문화적 환경, 특히 우리가 사용하는 언어와 관련이 있다고 한다면, 상상계는 우리가 자신과 타자를 관찰하는 데 사용하는 이미지와 관련되며, 실재계는 결여, 불가능성, 말로 표현할 수 없는 것, 사람들의 무의식적 욕망이나 충동과 관련된다. 라캉은 사랑·증오·무지 사이의 관련을 설명하면서, 사랑을 상징계와 상상계가 만나는 모서리에 두고, 증오는 상상계와 실재계 사이, 무지는 상징계와 현실계 사이에 둔 삼각형을 그렸다.

3 Michel Silvestre, *Demain la psychanalyse*(Paris: Navarin Editeur, 1987), 300.

4 Daphne du Maurier, *My Cousin Rachel*(New York: Little, Brown, 2013).

5 Du Maurier, *My Cousin Rachel*[『나의 사촌 레이첼』, 56쪽].

6 William Shakespeare, "Sonnet CXXXVII," in *The Complete Works of William Shakespeare*, ed. William James Craig(Oxford: Oxford University Press, 1952), 1125[『셰익스피어 소네트』, 291쪽].

7 William Shakespeare, "Sonnet CXXXVIII," in Craig, *The Complete Works of William Shakespeare*, 1125[『셰익스피어 소네트』, 293쪽]..

8 Russell Grieg and Justin Clemens, "A Note on Psychoanalysis and the Crime of Torture," *Australian Feminist Law Journal* 24, no. 1(2006): 161-77.

9 Gilead Nachmani, "Trauma and Ignorance," *Contemporary Psychoanalysis* 31, no. 3(1995/07/01): 423-50.

10 Nachmani, "Trauma and Ignorance," 435.

11 Ruth R. Imber, "Clinical Notes on Masochism," *Contemporary Psychoanalysis* 31, no. 4(1995년 10월): 581-89.

12 Arielle Pardes, "This Dating App Exposes the Monstrous Bias of Algorithms," *Wired*(2019/05/25).

13 Jevan A. Hutson, Jessie G. Taft, Solon Barocas, and Karen Levy, "Debiasing Desire: Addressing Bias & Discrimination on Intimate Platforms," *Proceedings of the ACM on Human-Computer Interaction* 2, no. CSCW(2018/11): article 73, doi.org/10.1145/3274342.

14 Arielle Pardes, "Flirty or Friendzone? New AI Scans Your Texts for True Love," *Wired*(2019/09/16).

15 Maya Kosoff, "You Have a Secret Tinder Rating—but Only the Company Can See What It Is," *Business Insider*(2016/01/16).

16 틴더는"호감도" 점수로 비판을 받은 뒤 그것의 사용을 중단했다고 주장했다. 하지만 틴더는 사람들을 짝지을 때 비밀 알고리듬을 사용하며 그 알고리듬을 공개하려 하지 않는다. Steve Dent, "Tinder Ditches Its Hidden Desirability Scores," *Engadget*(blog)(2019/03/18).

17 Clotilde Leguil, *"J"—une traversee des identites*(Paris: PUF, 2018), 111.

18 Danielle Knafo and Rocco Lo Bosco, *The Age of Perversion: Desire and Technology in Psychoanalysis and Culture*(London: Routledge, 2016), 129.

19 Alex Mar, "Modern Love: Are We Ready for Intimacy with Robots?," *Wired*(2017/10/17).

6 무시에 대한 두려움
인셀부터 사칭자까지

1 후쿠다 다이스케와 나눈 개인적 대화.

2 Susie Orbach, *Bodies*(London: Profile, 2009).

3 Stephanie J. Tobin, Eric J. Vanman, Marnize Verreynne, and Alexander K. Saeri, "Threats to Belonging on Facebook: Lurking and Ostracism," *Social Influence* 10, no. 1(2015/01/02): 31-42.

4 Fethi Benslama, *Un furieux desir de sacrifice: Le surmusulman*(Paris: Seuil, 2016).

5 Christina Cauterucci, "What These Deceptively Playful Memes Tell Us about Incel Culture," *Slate*(2018/07/19).

6 Sigmund Freud, "Totem and Taboo," in *The Standard Edition of the Complete Psychological Works of Sigmund Freud*, ed. James Strachey et al., vol. 13(1914~1916), *Totem and Taboo and Other Works*(London: Vintage Classics, 2001), vii-162.

7 Renata Salecl, *The Spoils of Freedom: Psychoanalysis and Feminism after the Fall of Socialism*(London: Routledge, 1994), 16, 17.

8 인셀 운동에 대한 페미니즘의 비판으로는 다음을 참고할 것. Amia Srinivasan, "Does Anyone Have the Right to Sex?," *London Review of Books* 40, no. 6(2018/03/22).

9 Neil Strauss, *The Game*(Edinburgh: Canongate Books, 2011).

10 Rachel O'Neill, *Seduction: Men, Masculinity and Mediated Intimacy*(Cambridge: Polity Press, 2018), 154.

11 Helene Deutsch, "The Impostor: Contribution to Ego Psychology of a Type of Psychopath"(1955), in *The Mark of Cain: Psychoanalytic Insight and the Psychopath*, ed. J. Reid Meloy(Hillsdale, NJ: Analytic Press, 2001), 126.

12 Pauline Rose Clance and Suzanne Ament Imes, 'The Imposter Phenomenon in High Achieving Women: Dynamics and Therapeutic Intervention," *Psychotherapy: Theory, Research and Practice* 15, no. 3(1978): 241-47.

13 MacDonald Critchley, *The Divine Banquet of the Brain and Other Essays*(London: Raven, 1970).

14 대부분의 셀카는 "진짜 이미지"를 개선하거나 향상시키거나 꾸미도록 조정하는 반면, 이미지를 왜곡하는 특수 테크놀로지도 존재한다. 예를 들어 다른 나이로 보이게 하거나 알코올중독자로 수십 년을 살았을 때 얼굴이 어떻게 변할지 미리 보는 앱도 있다.

15 Deutsch, "The Impostor," 131.

7 빅데이터라는 망상

1 Btihaj Ajana ed., *Metric Culture: Ontologies of Self-Tracking Practices*(Bingley, UK: Emerald, 2018).

2 Carl Cederstrom and Andre Spicer, *The Wellness Syndrome*(Malden, MA: Polity Press, 2015).

3 Jon Elster, *Sour Grapes: Studies in the Subversion of Rationality*, reissued ed.(New York: Cambridge University Press, 2016).

4 James Clawson, Jessica A. Pater, Andrew D. Miller, Elizabeth D. Mynatt, and Lena Mamykina, "No Longer Wearing: Investigating the Abandonment of Personal Health-Tracking Technologies on

Craigslist," in *UbiComp '15: Proceedings of the 2015 Association for Computing Machinery(ACM) International Joint Conference on Pervasive and Ubiquitous Computing*(New York: ACM, 2015), 647-58.

5 James Clear, "The Akrasia Effect: Why We Don't Follow through on Things," *James Clear*(blog)(2016/01/11).

6 Eric A. Finkelstein, Benjamin A. Haaland, Marcel Bilger, Aarti Sahasranaman, Robert A. Sloan, Ei Ei Khaing Nang, and Kelly R. Evenson, "Effectiveness of Activity Trackers with and without Incentives to Increase Physical Activity(TRIPPA): A Randomised Controlled Trial," *Lancet Diabetes and Endocrinology* 4, no. 12(2016): 983-95.

7 Michael J. Sandel, *What Money Can't Buy: The Moral Limits of Markets*(2012; repr., New York: Farrar, Straus and Giroux, 2013).

8 Roy E. Baumeister, Ellen Bratslavsky, Mark Muraven, and Dianne M. Tice, "Ego Depletion: Is the Active Self a Limited Resource?," *Journal of Personality and Social Psychology* 74, no. 5(1998): 1252-65.

9 Oliver Burkeman, "How to Keep Your Resolutions(Clue: It's Not All about Willpower)," *Guardian*(2017/01/07).

10 Kelly McGonigal, *The Willpower Instinct: How Self-Control Works, Why It Matters, and What You Can Do to Get More of It*(New York: Avery, 2012).

11 "Success Stories from the Pavlok Community," pavlok.com/success-stories/(검색일: 2020/03/27).

12 Ashley Weatherford, "This New Hairbrush Is Totally Judging You," The Cut(2017/01/04), www.thecut.com. 설명에 따르면 "3축 부하 전지가 빗질을 할 때 머리카락과 두피에 주는 압력을 측정하고, 센서들이 빗질의

횟수와 속도를 세고, 빗을 때 머리카락이 젖은 상태인지 마른 상태인지
판단한다."

13 Robert Pfaller, *Asthetik der Interpassivitat*(Hamburg: Philo Fine Arts,
2009).

14 로베르트 팔러는 자신의 이론을 예술 작품으로 확대한다. 현대 미술
전시회에서는 관람객이 자신이 보고 있는 예술 작품이 무엇에 관한 것인지
알지 못하는 경우가 많다. 그럼에도 관람객은 전시장을 돌아다니면서 왠지
큐레이터가 자기 대신 전시회를 봤다는 인상을 받기도 한다.

15 Amy Pittman, "The Internet Thinks I'm Still Pregnant," *New York
Time*(2016/09/04)

16 Pittman, "The Internet Thinks I'm Still Pregnant."

17 Laura Spinney, "Your DNA Is a Valuable Asset, So Why Give It to
Ancestry Websites for Free?," *Guardian*(2020/02/16).

18 Nancy Tuana, "The Speculum of Ignorance: The Women's Health
Movement and Epistemologies of Ignorance," *Hypatia* 21, no.
3(2006/08/01): 1-19.

19 Mark Andrejevic, "Big Data, Big Questions: The Big Data Divide,"
International Journal of Communication 8(2014/06/16): 1682.

20 전략적 무지에 관해서는 다음을 참조할 것. Linsey McGoey, *The
Unknowers: How Strategic Ignorance Rules the World*(London: Zed Books,
2019).

21 Richard Feldstein, Bruce Fink, and Maire Jaanus eds., *Reading
Seminar XI: Lacan's Four Fundamental Concepts of Psychoanalysis: The
Paris Seminars in English*(Albany: State University of New York Press,
1995), 47.

22 Marc Dugain and Christophe Labbe, *L'homme nu: La dictature invisible du numerique*(Paris: Plon, 2016).

23 Toril Johannessen, "Words and Years," Toril Johannessen's website, http://www.toriljohannessen.no(검색일: 2020/03/27).

24 Ellen Dissanayake, "Komar and Melamid Discover Pleistocene Taste," *Philosophy and Literature* 22, no. 2(1998): 486-96.

25 Clive Hamilton, *Requiem for a Species*(London: Routledge, 2015).

26 Deborah Lupton and Ben Williamson, "The Datafied Child: The Dataveillance of Children and Implications for Their Rights," *New Media and Society* 19, no. 5(2017/05/01): 780-94.

27 Andrejevic, "Big Data, Big Questions," 1674.

28 Rishabh Jain, "Coronavirus Update: China, Iran, Israel Mount Assault on Privacy with Surveillance, Location Tracking," *International Business Times*(2020/03/16).

29 A. J. Dellinger, "Ethicists Weigh In on the Implications of Using Phones to Track Coronavirus," Mic(2020/03/17), www.mic.com

30 Noa Landau, Yaniv Kubovich, and Josh Breiner, "Israeli Coronavirus Surveillance Explained: Who's Tracking You and What Happens with the Data," *Haaretz*(2020/03/18), www.haaretz.com

31 Noa Landau, "In Dead of Night, Israel Approves Harsher Coronavirus Tracking Methods than Gov't Stated," *Haaretz*(2020/03/17); Noa Landau, "Israeli Lawmakers Voiced Concerns over Tracking of Coronavirus Patients: The Government Ignored Them," *Haaretz*(2020/03/17).

32 Bernard Harcourt, *Exposed: Desire and Disobedience in the Digital*

Age(Cambridge, MA: Harvard University Press, 2018).

결론

1 Paul Radin, *The Winnebago Tribe*(Lincoln: University of Nebraska Press, 1990).

2 Claude Lévi-Strauss, *Structural Anthropology*(New York: Basic Books, 1963).

3 Steven Borowiec, "North Korea Says It Has No Coronavirus: Despite Mounting Clues to the Contrary," *Time*(2020/03/03).

4 Irina Titova, "Doctors in Russia Are Accusing the Government of Covering Up Its Coronavirus Outbreak and Denying Them Protective Equipment," Business Insider(2020/03/20), www.businessinsider.com

5 Michael Rubin, "Gambling with 80 Million Lives: Why Erdoğan Lied about Coronavirus," *The National Interest*(2020/03/16), nationalinterest.org/blog.

6 Uri Friedman, "The Coronavirus-Denial Movement Now Has a Leader," *Atlantic*(2020/03/27).

7 On "strategic ignorance," see Linsey McGoey, *The Unknowers: How Strategic Ignorance Ruins the World*(New York: Zed Books, 2019).

8 Julia Mastrioanni, " 'Real People Won't Die': Rhetoric around Who Is at Risk of Coronavirus Infection Sparks Debate over Ageism, Ableism," *National Post*(2020/03/03).

9 가짜 뉴스 목록에 관해서는 다음을 참조할 것. Jane Lytvynenko, "Here's a Running List of the Latest Hoaxes Spreading about the

Coronavirus," *BuzzFeed.News*(검색일: 2020/03/24),
www.buzzfeednews.com

10 Michael Bang Petersen, Mathias Osmundsen, and Kevin
Arceneaux, "A 'Need for Chaos' and the Sharing of Hostile Political
Rumors in Advanced Democracies," conference proceedings,
preprint(2018/09/01), doi.org/10.31234/osf.io/6m4ts.

11 Sigmund Freud, "Beyond the Pleasure Principle," in *The Standard
Edition of the Complete Psychological Works of Sigmund Freud*, ed. James
Strachey et al., vol. 18(1920~1922), *Beyond the Pleasure Principle, Group
Psychology and Other Works*(London: Vintage Classics, 2001); Jacques
Lacan, *The Seminar of Jacques Lacan*, bk. 7, *The Ethics of Psychoanalysis
1959~1960*, ed. Jacques-Alain Miller, trans. Dennis Porter(New York: W.
W. Norton, 1997), 213.

12 Sean Adl-Tabatbai, "Millennials Caught Licking Toilets in Idiotic
'Coronavirus Challenge,'" NewsPunch(2020/03/27), newspunch.com

13 Jake Johnson, " 'World Leaders Seem in Denial': Demands for
Radical Global Action on Coronavirus as Virtual G20 Summit Ends
with Vague Promises," *Pressenza*(2020/03/27), www.pressenza.com

Adl-Tabatbai, Sean. "Millennials Caught Licking Toilets in Idiotic 'Coronavirus Challenge.' " NewsPunch, March 27, 2020.

Ajana, Btihaj, ed. *Metric Culture: Ontologies of Self-Tracking Practices*. Bingley, UK: Emerald, 2018.

Andrejevic, Mark. "Big Data, Big Questions: The Big Data Divide." *International Journal of Communication* 8(June 16, 2014): 1673–89.

Aristotle. *The Metaphysics*. Buffalo, NY: Prometheus Books, 1991[『형이상학』, 조대호 옮김, 길, 2017].

Arnold, Carrie. " 'We Are All Mutants Now': The Trouble with Genetic Testing." *Guardian*, July 18, 2017.

Banham, Russ. "The Departed: Communicating with Lost Loved Ones through AI and VR." Dell Technologies, December 4, 2019.

Barry, Ellen. "How to Get Away with Murder in Small-Town India." *New York Times*, August 19, 2017.

Baumeister, Roy F., Ellen Bratslavsky, Mark Muraven, and Dianne M. Tice. "Ego Depletion: Is the Active Self a Limited Resource?" *Journal of Personality and Social Psychology* 74, no. 5(1998): 1252–65.

Beauchamp, Tom L. "Informed Consent: Its History, Meaning, and Present Challenges." *Cambridge Quarterly of Healthcare Ethics* 20, no. 4(2011): 515–23.

Bellware, Kim. "White Woman Who Sued Sperm Bank over Black Baby Says It's Not about Race." Huffington Post, October 2, 2014.

Benslama, Fethi. *Un furieux desir de sacrifice: Le surmusulman*. Paris: Seuil,

2016.

Bever, Lindsey. "White Woman Sues Sperm Bank after She Mistakenly Gets Black Donor's Sperm." *Washington Post*, October 2, 2014.

Bion, Wilfred R. *Seven Servants*. New York: Jason Aronson, 1977.

Borowiec, Steven. "North Korea Says It Has No Coronavirus Despite Mounting Clues to the Contrary." *Time*, March 3, 2020.

Breznitz, Shlomo. "The Seven Kinds of Denial." In *The Denial of Stress*, edited by Shlomo Breznitz, 257–80. New York: International Universities Press, 1983.

Brown, Zoe, and Marika Tiggemann. "Attractive Celebrity and Peer Images on Instagram: Effect on Women's Mood and Body Image." *Body Image* 19(December 1, 2016): 37–43.

Burkeman, Oliver. "How to Keep Your Resolutions(Clue: It's Not All about Willpower)." *Guardian*, January 7, 2017.

Caspi, Avshalom, Joseph McClay, Terrie E. Moffitt, Jonathan Mill, Judy Martin, Ian W. Craig, Alan Taylor, and Richie Poulton. "Role of Genotype in the Cycle of Violence in Maltreated Children." *Science* 297, no. 5582(August 2, 2002): 851–54.

Cauterucci, Christina. "Sofia Vergara's Ex Might Finally Be Out of Luck in His Battle for Custody of Their Frozen Embryos." *Slate*, August 31, 2017.

———. "What These Deceptively Playful Memes Tell Us about Incel Culture." *Slate*, July 19, 2018.

Cederstrom, Carl, and Andre Spicer. *The Wellness Syndrome*. Malden, MA: Polity Press, 2015.

Charmaz, Kathy. *The Social Reality of Death: Death in Contemporary America*. Reading, MA: Addison-Wesley, 1980.

Clance, Pauline Rose, and Suzanne Ament Imes. "The Imposter Phenomenon in High Achieving Women: Dynamics and Therapeutic Intervention." *Psychotherapy: Theory, Research and Practice* 15, no. 3(1978): 241–47.

Clawson, James, Jessica A. Pater, Andrew D. Miller, Elizabeth D. Mynatt, and Lena Mamykina. "No Longer Wearing: Investigating the Abandonment of Personal Health-Tracking Technologies on Craigslist." In *UbiComp '15: Proceedings of the 2015 Association for Computing Machinery(ACM) International Joint Conference on Pervasive and Ubiquitous Computing*, 647–58. New York: ACM, 2015.

Clear, James. "The Akrasia Effect: Why We Don't Follow through on Things." *James Clear*(blog), January 11, 2016.

Cohen, Rachel, Toby Newton-John, and Amy Slater. "The Relationship between Facebook and Instagram Appearance-Focused Activities and Body Image Concerns in Young Women." *Body Image* 23(2017): 183–87.

Colarusso, Calvin A. "Living to Die and Dying to Live: Normal and Pathological Considerations of Death Anxiety." In *The Wound of Mortality: Fear, Denial, and Acceptance of Death*, edited by Salman Akhtar, 107–23. Lanham, MD: Jason Aronson, 2010.

Colby, Christine. "You're Going to Die, Here's How to Deal with It." *Lifehacker*, February 1, 2017.

Critchley, MacDonald. *The Divine Banquet of the Brain and Other Essays.* London: Raven, 1970.

Cyr, Rachel E. "Testifying Absence in the Era of Forensic Testimony." *International Journal of Politics, Culture, and Society* 26, no. 1(2013): 93–106.

Dallmayr, Fred. *In Search of the Good Life: A Pedagogy for Troubled Times.* Lexington: University Press of Kentucky, 2007.

Davis, William. *Nervous States: How Feeling Took Over the World.* London: Jonathan Cape, 2018.

Dean, Todd. "How to Measure What: Universals, Particulars and Subjectivity." In *On Psychoanalysis and Violence: Contemporary Lacanian Perspectives*, edited by Vanessa Sinclair and Manya Steinkoler, 127–34. London: Routledge, 2018.

Dellinger, A. J. "Ethicists Weigh In on the Implications of Using Phones to Track Coronavirus." Mic, March 17, 2020.

DeNicola, Daniel R. *Understanding Ignorance: The Surprising Impact of What*

We Don't Know. Cambridge, MA: MIT Press, 2017.

Dent, Steve. "Tinder Ditches Its Hidden Desirability Scores." *Engadget*(blog), March 18, 2019.

Deraniyagala, Sonali. *Wave: A Memoir of Life after Tsunami.* London: Virago, 2013[『천 개의 파도』, 김소연 옮김, 나무의철학, 2013].

Deutsch, Helene. "The Impostor: Contribution to Ego Psychology of a Type of Psychopath"(1955). In *The Mark of Cain: Psychoanalytic Insight and the Psychopath*, edited by J. Reid Meloy, 115–32. Hillsdale, NJ: Analytic Press, 2001.

Devlin, Hannah. "The Cryonics Dilemma: Will Deep-Frozen Bodies Be Fit for New Life?" *Guardian*, November 18, 2016.

Dilley, Roy. "Reflections on Knowledge Practices and the Problem of Ignorance." *Journal of the Royal Anthropological Institute* 16(2010): S176–92.

Dissanayake, Ellen. "Komar and Melamid Discover Pleistocene Taste." *Philosophy and Literature* 22, no. 2(1998): 486–96.

Dorpat, Theodore L. *Denial and Defense in the Therapeutic Situation.* New York: Jason Aronson, 1985.

Dugain, Marc, and Christophe Labbe. *L'homme nu: La dictature invisible du numerique.* Paris: Plon, 2016[『빅데이터 소사이어티: 디지털 혁명 시대, 우리는 무엇을 얻고 무엇을 잃을 것인가』, 김성희 옮김, 부키, 2019].

Du Maurier, Daphne. *My Cousin Rachel.* New York: Little, Brown, 2013[『나의 사촌 레이첼』, 변용란 옮김, 현대문학, 2017].

Dzidic, Denis. "Bosnia Discovers Two Wartime Mass Graves." *Balkan Transitional Justice*, June 9, 2015.

Elborne, Esben. "When HIV Is Considered a Gift." *Vice*, June 23, 2014.

Elster, Jon. *Sour Grapes: Studies in the Subversion of Rationality.* Reissued ed. New York: Cambridge University Press, 2016.

Faden, Ruth R., Tom L. Beauchamp, and Nancy King. *A History and Theory of Informed Consent.* New York: Oxford University Press, 1986.

Fardouly, Jasmine, Phillippa C. Diedrichs, Lenny R. Vartanian, and Emma

Halliwell. "Social Comparisons on Social Media: The Impact of Facebook on Young Women's Body Image Concerns and Mood." *Body Image* 13(March 1, 2015): 38-45.

Feldman, Sandor S. *Mannerisms of Speech and Gestures in Everyday Life*. New York: International Universities Press, 1959.

Feldstein, Richard, Bruce Fink, and Maire Jaanus, eds. *Reading Seminar XI: Lacan's Four Fundamental Concepts of Psychoanalysis: The Paris Seminars in English*. Albany: State University of New York Press, 1995.

Fenichel, Otto. *The Psychoanalytic Theory of Neurosis*. New York: Norton, 1996.

Feresin, Emiliano. "Lighter Sentence for Murderer with 'Bad Genes.' " *Nature*, October 30, 2009.

Finkelstein, Eric A., Benjamin A. Haaland, Marcel Bilger, Aarti Sahasranaman, Robert A. Sloan, Ei Ei Khaing Nang, and Kelly R. Evenson. "Effectiveness of Activity Trackers with and without Incentives to Increase Physical Activity(TRIPPA): A Randomised Controlled Trial." *Lancet Diabetes and Endocrinology* 4, no. 12(2016): 983-95.

Firestein, Stuart. *Ignorance: How It Drives Science*. Oxford: Oxford University Press, 2012[『이그노런스: 무지는 어떻게 과학을 이끄는가』, 장호연 옮김, 뮤진트리, 2017].

Freeman, Colin. "Ratko Mladic Walks out of Radovan Karadzic War Crimes Trial." *Telegraph*, January 28, 2014.

Freud, Sigmund. "Beyond the Pleasure Principle." In *The Standard Edition of the Complete Psychological Works of Sigmund Freud*, edited by James Strachey et al., vol. 18(1920-1922), *Beyond the Pleasure Principle, Group Psychology and Other Works*. London: Vintage Classics, 2001[「쾌락 원칙을 넘어서」, 『정신분석학의 근본 개념』, 윤희기 외 옮김, 열린책들, 2020].

_____. "Negation." In *The Standard Edition of the Complete Psychological Works of Sigmund Freud*, edited by James Strachey et al., vol. 19(1923-1925), *The Ego and the Id and Other Works*. London: Vintage Classics, 2001[「부정」, 『정신분석학의 근본 개념』, 윤희기 외 옮김, 열린책들, 2020].

_____. "Thoughts for the Times on War and Death." In *The Standard Edition of the Complete Psychological Works of Sigmund Freud*, edited by James Strachey et al., vol. 14(1914–1916), *On the History of the Psycho-Analytic Movement, Papers on Meta-psychology and Other Works*. London: Vintage Classics, 2001[「전쟁과 죽음에 대한 고찰」, 『문명 속의 불만』, 김석희 옮김, 2020].

_____. "Totem and Taboo." In *The Standard Edition of the Complete Psychological Works of Sigmund Freud*, edited by James Strachey et al., vol. 13(1914–1916), *Totem and Taboo and Other Works*. London: Vintage Classics, 2001[「토템과 터부」, 『종교의 기원』, 이윤기 옮김, 열린책들, 2020].

Friedman, Uri. "The Coronavirus-Denial Movement Now Has a Leader." *Atlantic*, March 27, 2020.

Futrelle, David. "Why Are Incels So Obsessed with Other Men's Semen? The Answer Is Much Darker than You Think." *We Hunted the Mammoth*(blog), November 2, 2018. http://www.wehuntedthemammoth.com/2018/11/02/why-are-incels-so-obsessed-with-other-mens-semen-the-answer-is-much-darker-than-you-think/.

Giles, David C. *Twenty-First Century Celebrity: Fame in Digital Culture*. Bingley, UK: Emerald, 2018.

Gilovich, Thomas. *How We Know What Isn't So: The Fallibility of Human Reason in Everyday Life*. New York: Free Press, 1991[『인간 그 속기 쉬운 동물: 미신과 속설은 어떻게 생기나』, 장근영·이양원 옮김, 모멘토, 2008].

Granel, Julio A. "Considerations on the Capacity to Change, the Clash of Identifications and Having Accidents." *International Review of Psycho-Analysis* 14(1987): 483–90.

Grieg, Russell, and Justin Clemens. "A Note on Psychoanalysis and the Crime of Torture." *Australian Feminist Law Journal* 24, no. 1(2006): 161–77.

Hamilton, Clive. *Requiem for a Species*. London: Routledge, 2015[『누가 지구를 죽였는가』, 홍상현 옮김, 이책, 2013].

Harcourt, Bernard. *Exposed: Desire and Disobedience in the Digital Age*. Cambridge, MA: Harvard University Press, 2018.

Hartman, Tod. "On the Ikeaization of France." *Public Culture* 19, no. 3(2007): 483‒98.

Haun, Kathryn, and Eric J. Topol. "The Health Data Conundrum." *New York Times*, January 2, 2017.

Higgs, Roger. "Truth Telling, Lying and the Doctor-Patient Relationship." In *Principles of Health Care Ethics*, edited by Richard E. Ashcroft, Angus Dawson, Heather Draper, and John R. McMillan, 333‒37. Chichester, UK: John Wiley and Sons, 2007.

Hobart, Mark, "Introduction: The Growth of Ignorance?" In *An Anthropological Critique of Development: The Growth of Ignorance*, edited by Mark Hobart, 1‒30. London: Routledge, 2004.

Hobson, J. Allan. *Dream Life: An Experimental Memoir*. Cambridge, MA: MIT Press, 2011.

Holmes, Jamie. *Nonsense: The Power of Not Knowing*. New York: Crown, 2015[『난센스: 불확실한 미래를 통제하는 법』, 구계원 옮김, 문학동네, 2017].

Hopkins, Jasper. *Nicholas of Cusa on Learned Ignorance: A Translation and an Appraisal of "De Docta Ignorantia."* Minneapolis: Arthur J. Banning, 1981.

Horowitz, Milton J. *Stress Response Syndromes*. Oxford: Jason Aronson, 1976.

Houser, Kristin. "Watch a Mother Reunite with Her Deceased Child in VR: Would You Want to See a Deceased Loved One Again—in a Virtual World?" *Futurism*, February 7, 2020.

Huet, Natalie. "Relief and Justice for Relatives of Srebrenica." *Euronews*, November 22, 2017.

Hutson, Jevan A., Jessie G. Taft, Solon Barocas, and Karen Levy. "Debiasing Desire: Addressing Bias & Discrimination on Intimate Platforms." *Proceedings of the ACM on Human-Computer Interaction* 2, no. CSCW(November 2018): article 73.

Ibsen, Henrik. *The Wild Duck*. New York: Dover Thrift Editions, 2000[『들오리 외』, 소두영 옮김, 동서문화사, 2016].

Imber, Ruth R. "Clinical Notes on Masochism." *Contemporary Psychoanalysis* 31, no. 4(October 1995): 581–89.

International Criminal Tribunal for the Former Yugoslavia. Trial of Radko Mladić, testimony on July 9, 2012.

Jain, Rishabh. "Coronavirus Update: China, Iran, Israel Mount Assault on Privacy with Surveillance, Location Tracking." *International Business Times*, March 16, 2020.

Johannessen, Toril. "Words and Years." Toril Johannessen's website. http://www.toriljohannessen.no/works/words-and-years/.

Johnson, Jake. " 'World Leaders Seem in Denial': Demands for Radical Global Action on Coronavirus as Virtual G20 Summit Ends with Vague Promises." *Pressenza*, March 27, 2020.

Kalanithi, Paul. *When Breath Becomes Air*. New York: Random House, 2016[『숨결이 바람 될 때: 서른여섯 젊은 의사의 마지막 순간』, 이종인 옮김, 흐름출판, 2016].

Kampschror, Beth. "Alija Goes Bye-Bye: Bosnia's President Retires Gracefully." *Central Europe Review* 2, no. 36(October 23, 2000).

Kassam, Ashifa. "Sperm Bank Sued as Case of Mentally Ill Donor's History Unfolds." *Guardian*, April 14, 2016.

Keller, Evelyn Fox. *The Century of the Gene*. Cambridge, MA: Harvard University Press, 2002[『유전자의 세기는 끝났다』, 이한음 옮김, 지호, 2002].

Kerwin, Ann. "None Too Solid: Medical Ignorance." *Knowledge* 15, no. 2(December 1, 1993): 166–85.

Khamis, Susie, Lawrence Ang, and Raymond Welling. "Self-Branding, 'Micro-celebrity' and the Rise of Social Media Influencers." *Celebrity Studies* 8, no. 2(April 3, 2017): 191–208.

Knafo, Danielle, and Rocco Lo Bosco. *The Age of Perversion: Desire and Technology in Psychoanalysis and Culture*. London: Routledge, 2016.

Knight, Sam. "Is a High IQ a Burden as Much as a Blessing?" *Financial Times*, April 10, 2009.

Kosoff, Maya. "You Have a Secret Tinder Rating—but Only the Company Can See What It Is." Business Insider, January 11, 2016.

Kruger, Justin, and David Dunning. "Unskilled and Unaware of It: How Difficulties in Recognizing One's Own Incompetence Lead to Inflated Self-Assessments." *Journal of Personality and Social Psychology* 77, no. 6(1999): 1121–34.

Kubler-Ross, Elisabeth. *On Death and Dying*. New York: Macmillan, 1969[『죽음과 죽어 감: 죽어 가는 사람이 의사, 간호사, 성직자 그리고 가족에게 가르쳐 주는 것들』, 이진 옮김, 청미, 2018].

Lacan, Jacques. *The Seminar of Jacques Lacan*. Bk. 1, *Freud's Papers on Technique*. Edited by Jacques-Alain Miller. Translated by John Forrester. New York: W. W. Norton, 1991[『자크 라캉 세미나 1: 프로이트의 기술론』, 맹정현·이수련 옮김, 새물결, 2016].

＿＿＿. *The Seminar of Jacques Lacan*. Bk. 7, *The Ethics of Psychoanalysis, 1959–1960*. Edited by Jacques Alain-Miller. Translated by Dennis Porter. New York: W. W. Norton, 1997.

＿＿＿. *The Seminar of Jacques Lacan*. Bk. 8, *Transference*. Edited by Jacques-Alain Miller. Translated by Bruce Fink. Cambridge: Polity Press, 2015.

＿＿＿. *The Seminar of Jacques Lacan*. Bk. 10, *Anxiety*. Edited by Jacques-Alain Miller. Translated by A. R. Price. Cambridge: Polity Press, 2016.

＿＿＿. "Some Reflections on the Ego." *International Journal of Psycho-analysis* 34, no. 1(1953): 11–17.

Land, Greg. "Judge Dismisses Third Sperm Bank Lawsuit over Dodgy Donor." Law .com, February 26, 2018.

Landau, Noa. "In Dead of Night, Israel Approves Harsher Coronavirus Tracking Methods than Gov't Stated," *Haaretz*, March 17, 2020.

Landau, Noa. "Israeli Lawmakers Voiced Concerns over Tracking of Coronavirus Patients. The Government Ignored Them." *Haaretz*, March 17, 2020.

Landau, Noa, Yaniv Kubovich, and Josh Breiner. "Israeli Coronavirus Surveillance Explained: Who's Tracking You and What Happens with the Data." *Haaretz*, March 18, 2020.

Landrigan v. State. 1985 OK CR 52, 700 P.2d 218(1985).

Lanzerath, Dirk, Marcella Rietschel, Bert Heinrichs, and Christine Schmal. *Incidental Findings: Scientific, Legal and Ethical Issues.* Cologne: Deutscher Arzte-Verlag, 2013.

Laub, Dori, and Nanette C. Auerhahn. "Knowing and Not Knowing Massive Psychic Trauma: Forms of Traumatic Memory." *International Journal of Psychoanalysis* 74, no. 2(1993): 287–302.

Laville, Sandra. "Hans Kristian Rausing Kept Wife's Body Because He Felt 'Unable to Let Her Leave.'" *Guardian*, August 1, 2012.

Leader, Darian. *Why Do Women Write More Letters Than They Post?* London: Faber and Faber, 1997[『여자에겐 보내지 않은 편지가 있다: 정신분석학, 남녀의 관계와 고독을 이야기하다』, 김종엽 옮김, 문학동네, 2010].

Leader, Darian, and David Corfield. *Why Do People Get Ill?* London: Hamish Hamilton, 2007[『우리는 왜 아플까: 몸과 마음의 관계로 읽는 질병의 심리학』, 배성민 옮김, 동녘사이언스, 2011].

Leguil, Clotilde. *"J"—une traversee des identites.* Paris: PUF, 2018.

Lehman, Andree. "Psychoanalysis and Genetics: Clinical Considerations and Practical Suggestions." In *Being Human: The Technological Extensions of the Boundaries of the Body*, edited by Paola Mieli, Jacques Houis, and Mark Stafford, 201–10. New York: Marsilio, 2000.

Lemmens, Trudo. "Informed Consent." In *Routledge Handbook of Medical Law and Ethics*, edited by Yann Joly and Bartha Maria Knoppers, 27–51. Abingdon, UK: Routledge, 2014.

Levi-Strauss, Claude. *Structural Anthropology.* New York: Basic Books, 1963[『구조인류학』, 김진욱 옮김, 종로서적, 1983].

Linder, Courtney. "Harvard Geneticist Wants to Build Dating App That Sure Sounds like Eugenics." *Popular Mechanics*, December 10, 2019.

Lupton, Deborah, and Ben Williamson. "The Datafied Child: The Dataveillance of Children and Implications for Their Rights." *New Media and Society* 19, no. 5(May 1, 2017): 780–94.

Lytvynenko, Jane. "Here's a Running List of the Latest Hoaxes Spreading about the Coronavirus." BuzzFeed.News. Last updated March 24, 2020.

Malone, Dan, and Howard Swindle. *America's Condemned: Death Row Inmates in Their Own Words*. Kansas City, MO: Andrews McMeel, 1999.

Mannoni, Octave. *Clefs pour l'imaginaire ou l'autre scene*. Paris: Seuil, 1985.

Manson, Neil C. "Consent and Informed Consent." In *Principles of Health Care Ethics*, edited by Richard E. Ashcroft, Angus Dawson, Heather Draper, and John R. McMillan, 297–303. Chichester, UK: John Wiley and Sons, 2007.

Mar, Alex. "Modern Love: Are We Ready for Intimacy with Robots?" *Wired*, October 17, 2017.

"Marko Pavić nazvao Dan bijelih traka 'slavljem' i 'gay paradom.' " Klix, June 1, 2013.

Mašovič, Amor. "Genocid brez konca." Interview by Branko Soban. In *Zločin brez kazni*, by Branko Soban, 127–33. Ljubljana: Sanje, 2013.

Mastrioanni, Julia. " 'Real People Won't Die': Rhetoric around Who Is at Risk of Coronavirus Infection Sparks Debate over Ageism, Ableism." *National Post*, March 3, 2020.

McGoey, Linsey. *The Unknowers: How Strategic Ignorance Rules the World*. New York: Zed Books, 2019.

McGonigal, Kelly. *The Willpower Instinct: How Self-Control Works, Why It Matters, and What You Can Do to Get More of It*. New York: Avery, 2012[『왜 나는 항상 결심만 할까: 게으름과 딴짓을 다스리는 의지력의 모든 것』, 신예경 옮김, 알키, 2012].

Meier, Evelyn P., and James Gray. "Facebook Photo Activity Associated with Body Image Disturbance in Adolescent Girls." *Cyberpsychology, Behavior and Social Networking* 17, no. 4(April 2014): 199–206.

Mihajlović Trbovc, Jovana. "Memory after Ethnic Cleansing: Victims' and

Perpetrators' Narratives in Prijedor." [Treatises and documents.] *Journal of Ethnic Studies* 72(2014): 25–41.

Mills, Charles W. "Global White Ignorance." In *Routledge International Handbook of Ignorance Studies*, edited by Matthias Gross and Linsey McGoey, 217–27. London: Routledge, 2015.

Moersch, Emma. "Zur Psychopathologie von Herzinfarkt-Patienten." *Psyche: Zeitschrift fur Psychoanalyse und ihre Anwendungen* 34, no. 6(1980): 493–587.

Moore, Doug. "Bosnia: Bosnians in St. Louis Area Mark a Time of Trouble." STLtoday, April 4, 2012.

Morin, Catherine. *Stroke, Body Image, and Self-Representation: Psychoanalytic and Neurological Perspectives.* London: Routledge, 2018.

Moskowitz, David A., and Michael E. Roloff. "The Existence of a Bug Chasing Subculture." *Culture, Health and Sexuality* 9, no. 4(2007): 347–57.

Mukherjee, Siddhartha. *The Gene: An Intimate History.* New York: Scribner, 2016[『유전자의 내밀한 역사』, 이한음 옮김, 까치, 2017].

Murray, Peter M. "The History of Informed Consent." *Iowa Orthopaedic Journal* 10(1990): 104–9.

Musaph, Herman. "Denial as a Central Coping Mechanism in Counterhypochondriasis." In *Denial: A Clarification of Concepts and Research*, edited by Elieser Ludwig Edelstein, Donald L. Nathanson, and Andrew M. Stone, 231–35. Boston: Springer, 1989.

Nachmani, Gilead. "Trauma and Ignorance." *Contemporary Psychoanalysis* 31, no. 3(July 1, 1995): 423–50.

Nettelfield, Lara J., and Sarah E. Wagner. *Srebrenica in the Aftermath of Genocide.* Cambridge: Cambridge University Press, 2014.

Oakley, Justin. "Patients and Disclosure of Surgical Risk." In *Principles of Health Care Ethics*, edited by Richard E. Ashcroft, Angus Dawson, Heather Draper, and John R. McMillan, 319–24. Chichester, UK: John Wiley and Sons, 2007.

O'Neill, Rachel. *Seduction: Men, Masculinity and Mediated Intimacy.*

Cambridge: Polity Press, 2018.

Orbach, Susie. *Bodies*. London: Profile, 2009[『몸에 갇힌 사람들: 불안과 강박을 치유하는 몸의 심리학』, 김명남 옮김, 창비, 2011].

Orwell, George. *1984*. London: Penguin, 1956[『1984』, 정희성 옮김, 민음사, 2003].

Panayotopoulos, Nikos. *Le gene du doute*. Translated by Gilles Descorvet. Paris: Gallimard, 2004.

Pardes, Arielle. "Flirty or Friendzone? New AI Scans Your Texts for True Love." *Wired*, September 16, 2019.

_____. "This Dating App Exposes the Monstrous Bias of Algorithms." *Wired*, May 25, 2019.

Pausch, Randy, and Jeffrey Zaslow. *The Last Lecture*. New York: Hyperion, 2008[『마지막 강의』, 심은우 옮김, 살림, 2008].

Perelberg, Rosine J. *Time, Space, and Phantasy*. London: Routledge, 2008.

Petersen, Michael Bang, Mathias Osmundsen, and Kevin Arceneaux. "A 'Need for Chaos' and the Sharing of Hostile Political Rumors in Advanced Democracies." Conference proceedings. Preprint, submitted September 1, 2018.

Pfaller, Robert. *Asthetik der Interpassivitat*. Hamburg: Philo Fine Arts, 2009.

Pittman, Amy. "The Internet Thinks I'm Still Pregnant." *New York Times*, September 2, 2016.

Proctor, Robert N. "Agnotology: A Missing Term to Describe the Cultural Production of Ignorance(and Its Study)." In *Agnotology: The Making and Unmaking of Ignorance*, edited by Robert N. Proctor and Linda Schiebinger, 1–35. Stanford, CA: Stanford University Press, 2008.

Radin, Paul. *The Winnebago Tribe*. Lincoln: University of Nebraska Press, 1990.

Raine, Adrian. *The Anatomy of Violence: The Biological Roots of Crime*. London: Allen Lane, 2013[『폭력의 해부: 어떤 사람은 범죄자로 태어난다』, 이윤호 옮김, 흐름출판, 2015].

Raj, Suhasini, and Ellen Barry. "Indian Police Files Murder Charges after Times Describes Cover-Up." *New York Times*, September 18, 2017.

Renda, Matthew. "Judge Clears Sperm Bank Fraud Case for Trial." Courthouse News Service, March 31, 2017.

Rieff, David. *Swimming in a Sea of Death: A Son's Memoir*. New York: Simon and Schuster, 2008[『어머니의 죽음: 수전 손택의 마지막 순간들』, 이민아 옮김, 이후, 2008].

_____. "Why I Had to Lie to My Dying Mother." *Guardian*, May 18, 2008.

Roberts, Joanne, and John Armitage. "The Ignorance Economy." *Prometheus* 26, no. 4(2008): 335-54.

Rogers, Katie, and Maggie Haberman. "Trump Now Claims He Always Knew the Coronavirus Would Be a Pandemic." *New York Times*, March 17, 2020.

Rubin, Michael. "Gambling with 80 Million Lives: Why Erdoğan Lied about Coronavirus." *The National Interest*, March 16, 2020.

Salecl, Renata. *On Anxiety*. London: Routledge, 2004[『불안들』, 박광호 옮김, 후마니타스, 2015].

_____. *The Spoils of Freedom: Psychoanalysis and Feminism after the Fall of Socialism*. London: Routledge, 1994.

_____. *The Tyranny of Choice*. London: Profile Books, 2010[『선택이라는 이데올로기』, 박광호 옮김, 후마니타스, 2014].

Sandel, Michael J. *What Money Can't Buy: The Moral Limits of Markets*. 2012. Repr., New York: Farrar, Straus and Giroux, 2013[『돈으로 살 수 없는 것들: 무엇이 가치를 결정하는가』, 안기순 옮김, 와이즈베리, 2012].

Sanger, David E., and Nicole Perlroth. "A New Era of Internet Attacks Powered by Everyday Devices." *New York Times*, October 22, 2016.

Santen, Sally, Robin R. Hemphill, Cindy M. Spanier, and Nicholas D. Fletcher. " 'Sorry, It's My First Time!' Will Patients Consent to Medical Students Learning Procedures?" *Medical Education* 39, no. 4(2005): 365-69.

Schriro v. Landrigan. 550 U.S. 465(2007).

Shakespeare, William. "Sonnet CXXXVII." In *The Complete Works of William Shakespeare*, edited by William James Craig, 1125. Oxford: Oxford University Press, 1952[『셰익스피어 소네트』, 피천득 옮김, 민음사,

2018].

Shakespeare, William. "Sonnet CXXXVIII." In *The Complete Works of William Shakespeare*, edited by William James Craig. Oxford: Oxford University Press, 1952[『셰익스피어 소네트』, 피천득 옮김, 민음사, 2018].

Shalev, Ruth S. "Anosognosia—the Neurological Correlate of Denial of Illness." In *Denial: A Clarification of Concepts and Research*, edited by Elieser Ludwig Edelstein, Donald L. Nathanson, and Andrew M. Stone, 119–24. Boston: Springer, 1989.

Silvestre, Michel. *Demain la psychanalyse.* Paris: Navarin Editeur, 1987.

Simpson, Joseph R. *Neuroimaging in Forensic Psychiatry: From the Clinic to the Courtroom.* Hoboken, NJ: John Wiley and Sons, 2012.

Son, Lisa K., and Nate Kornell. "The Virtues of Ignorance." *Behavioral Processes* 83, no. 2(February 2010): 207–12.

Spinney, Laura. "Your DNA Is a Valuable Asset, So Why Give It to Ancestry Websites for Free?" *Guardian*, February 16, 2020.

Springs, Merle. "The Practical Limits and Value of Informed Consent." In *Informed Consent and Clinician Accountability: The Ethics of Report Cards on Surgeon Performance*, edited by Steve Clarke and Justin Oakley, 134–46. Cambridge: Cambridge University Press, 2007.

Srinivasan, Amia. "Does Anyone Have the Right to Sex?" *London Review of Books* 40, no. 6(March 22, 2018).

Strauss, Neil. *The Game.* London: Canongate Books, 2011[『더 게임: 발칙한 남자들의 위험하고 도발적인 작업이 시작된다』, 한정은 옮김, 디앤씨미디어(주), 2006].

"Success Stories from the Pavlok Community." Accessed March 2020. https://pavlok.com/success-stories.

Suzuki, Daisetz Teitaro. *Essays in Zen Buddhism: First Series.* London: Rider, 1958.

Tambiah, Stanley J. "The Magical Power of Words." *Man* 3, no. 2(1968): 175–208.

Tedlow, Richard S. *Denial: Why Business Leaders Fail to Look Facts in the*

Face—and What to Do about It. New York: Penguin, 2010[『CEO의 현실 부정』, 신상돈 옮김, 아이비북스, 2010].

Titova, Irina. "Doctors in Russia Are Accusing the Government of Covering Up Its Coronavirus Outbreak and Denying Them Protective Equipment." Business Insider, March 20, 2020.

Tobin, Stephanie J., Eric J. Vanman, Marnize Verreynne, and Alexander K. Saeri. "Threats to Belonging on Facebook: Lurking and Ostracism." *Social Influence* 10, no. 1(January 2, 2015): 31–42.

Tuana, Nancy. "The Speculum of Ignorance: The Women's Health Movement and Epistemologies of Ignorance." *Hypatia* 21, no. 3(August 1, 2006): 1–19.

Van Velzer, Ryan. "Immortality Eludes People: Unlimited Founder." azcentral.com, November 28, 2014.

Ver Eecke, Wilfried. *Denial, Negation, and the Forces of the Negative: Freud, Hegel, Spitz, and Sophocles*. Albany: State University of New York Press, 2006.

Vilensky, Mike. "Live-Streaming Your Broke Self for Rent Money." *New York Times*, December 9, 2018.

Wajnryb, Ruth. *The Silence: How Tragedy Shapes Talk*. Crows Nest, New South Wales: Allen and Unwin, 2002.

Weatherford, Ashley. "This New Hairbrush Is Totally Judging You." The Cut, January 4, 2017.

Weinstein, Edwin A., and Malvin Cole. "Concepts of Anosognosia." In *Problems of Dynamic Neurology*, edited by L. Halpern, 254–73. New York: Grine and Stratton, 1963.

Weinstein, Edwin A., and Robert L. Kahn. *Denial of Illness: Symbolic and Physiological Aspects*. Springfield, IL: Charles C. Thomas, 1955.

Weisman, Avery D. *On Dying and Denying: A Psychiatric Study of Terminality*. New York: Behavioral Publications, 1972.

Witte, Marlys Hearst, Peter Crown, Michael Bernas, and Charles L. Witte. "Lessons Learned from Ignorance: The Curriculum on Medical(and

Other) Ignorance." In *The Virtues of Ignorance: Complexity, Sustainability, and the Limits of Knowledge*, edited by Bill Vitek and Wes Jackson, 251–72. Lexington: University Press of Kentucky, 2010.

Zimmermann, Camilla. "Denial of Impending Death: A Discourse Analysis of the Palliative Care Literature." *Social Science and Medicine* 59, no. 8(October 2004): 1769–80.

찾아보기

알고 싶지 않은 마음

탈진실 시대 무지의 전략들

1판 1쇄. 2021년 8월 17일
1판 2쇄. 2021년 9월 17일

지은이. 레나타 살레츨
옮긴이. 정영목

펴낸이. 정민용
편집장. 안중철
책임편집. 이진실
편집. 최미정, 윤상훈, 강소영

펴낸 곳. 후마니타스(주)
등록. 2002년 2월 19일 제2002-000481호
주소. 서울 마포구 신촌로14안길 17, 2층(04057)

편집. 02-739-9929, 9930
제작. 02-722-9960

메일. humanitasbooks@gmail.com
블로그. blog.naver.com/humabook
SNS f ⓒ ✔ . /humanitasbook

인쇄. 천일인쇄 031-955-8083
제본. 일진제책 031-908-1407

값 17,000원

ISBN 978-89-6437-379-8 93180